Mill Majerus und Catherine Majerus ● **über sex und liebe reden**

Mill Majerus
Catherine Majerus

über sex
und liebe reden

Ein Ratgeber für Eltern und alle,
die Jugendliche begleiten

Kösel

Die Fotos in diesem Buch stammen von Frank Mardaus, Augsburg.

Copyright © 2007 Kösel-Verlag, München,
in der Verlagsgruppe Random House GmbH
Umschlag: 2005 Werbung, München
Umschlagmotiv: Getty-Images
Druck und Bindung: Kösel, Krugzell
Printed in Germany
ISBN: 978-3-466-36749-8

www.koesel.de

Gedruckt auf umweltfreundlich hergestelltem *Bilderdruckpapier*
(säurefrei und chlorfrei gebleicht)

Inhalt

Vorwort

Ein Buch für
Liebesboten

Dieses Buch wendet sich an Frauen und Männer, die in ihrer Erziehungs-
aufgabe mit Jugendlichen die Themen rund um Liebe und Sexualität angehen: Eltern, Lehrer, Katecheten, Erzieher, Gruppenleiter, Therapeuten
oder Sozialarbeiter. Unser Buch möchte ihnen Mut machen und ihre sexualpädagogischen Ressourcen fördern. Sexualerziehung ist nicht nur
Aufgabe oder Pflicht, wir werten sie als echte Chance.

Gute Sexualerzieher werden zu Liebesboten, ja zu Glücksbringern,
denn sie haben gute Nachrichten. Sie erzählen vom blühenden Leben, von
geborgener Wärme, überschäumender Freude und himmlischer Seligkeit.
Sie verkünden eine »Liebesgeschichte«.

Liebesboten klopfen keine Sexsprüche, sie dreschen auch keine ro-
mantischen Phrasen oder verkaufen billige Glückslose. Die »Liebesgeschichte«, die sie ins Gespräch bringen, fordert einen Preis: aufbrechen,
sich mit sich und anderen auseinandersetzen, Kräfte mobilisieren, Wag-

nisse auf sich nehmen, Einsamkeit aushalten, entdecken, wachsen und sich weiterentwickeln.

Der Weg ins Glück ist selten eben und gradlinig. Er führt meistens – um nicht zu sagen: immer – über Sackgassen, Klippen und Stolpersteine. Diese machen Jugendlichen zu schaffen und werfen sie gelegentlich aus der Bahn. Deshalb sind kompetente Liebesboten nicht nur gute Erzähler. Sie pflegen den Anspruch, sensible und sichere Wegbegleiter ihrer jungen Helden zu sein.

Brauchen heutige Jugendliche noch entsprechende Angebote? Sind sie beim Thema Sex bereit, Erwachsene als Gesprächspartner aufzusuchen oder anzunehmen? Aus unserer Erfahrung heraus bestätigen wir, dass junge Menschen seitens ihrer »Erziehenden« Verfügbarkeit, respektvolle Anteilnahme und offene Worte sehr schätzen. In ihren vielfältigen und längst nicht immer positiven Sexualerfahrungen wissen sich viele allein gelassen. Sie reagieren dann verunsichert, wirken aufsässig und aggressiv, überspielen Probleme »mit großer Klappe«, provozieren oder ziehen sich zurück. Das Leitmotiv in allen Kapiteln dieses Buches lautet: In der Jugendarbeit – aber nicht nur dort – sind sensible Liebesboten gefragt!

Wir meinen, dass Liebe und Sexualität zu den aufregendsten und schönsten menschlichen Abenteuern zählen. Oder sollten wir besser schreiben: zählen *können*? Auch im Bereich der Partnerschaft und der Sexualität verletzen und erniedrigen Menschen einander. Wir möchten dazu beitragen, dass es vielen Frauen und Männern gegönnt ist, frohe und erfüllende Liebeserfahrungen zu machen und eventuell leidvollere Begegnungen konstruktiv aufzuarbeiten. Eine der Voraussetzungen dafür ist die offene Auseinandersetzung mit dem Thema.

Das geschriebene Wort zielt leider oft auf rein mentale und intellektuelle Ebenen. Dies ist bedauerlich, weil das eigentliche Wesen der Sexualität sich in körperlichen, sinnlichen, erotischen und verspielten Anteilen offenbart. Wir möchten Liebesboten dazu motivieren, selbst »charmante Narren« zu bleiben und diese Tugenden bei anderen zu pflegen.

Unser Buch bietet ein ausführliches Eingangskapitel zum Thema Sexualpädagogik. In kürzeren Beiträgen werden dann sehr unterschiedliche Aspekte von Liebe und Sexualität behandelt. Darin schreiben wir nicht nur für Erwachsene, sondern sprechen auch ältere Jugendliche an. Die unterschiedlichen Kapitel kann man unabhängig voneinander lesen. Jede/r entscheidet, wo er/sie beginnt, was ihn/sie interessiert und was zurzeit belanglos ist. Zuerst wollten wir auf die Wiederholung biologischer Fakten verzichten. Im Austausch mit vielen Jugendlichen wurde uns aber nochmals klar, dass wir das Thema Sexualität und Liebe ganzheitlich angehen wollen. Dabei sollen körperliche, psychische, soziale, kulturelle und spirituelle Aspekte gleichermaßen angesprochen werden.

Wir stellen uns kurz vor: Wir sind Vater und Tochter und arbeiten an diesem Buch erstmals zusammen. *Mill,* Jahrgang 1950, ist seit über 30 Jahren verheiratet. Er hat sechs erwachsene Kinder und eine Enkelin. Er wurde ausgebildet als Lehrer, Diplom-Sexologe und Psychosoziologe. Von 1980 bis 1986 leitete er das Familienreferat der Erzdiözese Luxemburg. Seit 1986 arbeitet er im Luxemburger Familienministerium und ist dort Leiter der Abteilung »Familie und Kindheit«. *Catherine,* Jahrgang 1978, ist die Zweitälteste in der Geschwisterreihe der Familie Majerus. Sie ist ledig und lebt in Brüssel. Sie ist Diplom-Psychologin (klinische Psychologie) und arbeitet zurzeit als Psychologin in zwei Mädcheninternaten. Als gläubige Christen und praktizierende Katholiken haben wir christliche und kirchliche Standpunkte in verschiedene Kapitel mit einfließen lassen.

Mit unserem Buch wünschen wir unseren Leser/innen viel Spaß, neue Erkenntnisse sowie vor allem anregende Liebes- und Sexualgespräche.

Catherine und Mill Majerus

Anregungen zur Sexual- erziehung

Mit unserem Buch möchten wir Eltern, Lehrer, Erzieher, Katecheten und Gruppenleiter ermutigen, zum Thema Liebe und Sexualität mit Jugendlichen ins Gespräch zu kommen. Die Fragen, die Jugendliche aufwerfen (siehe nächstes Kapitel), belegen eindrucksvoll, dass viele Heranwachsende bei diesen Themen nach wie vor »im Regen stehen«.

Wir Erwachsene lassen uns immer wieder durch die lockeren Sprüche vieler Mädchen und Jungen bluffen. »Was wollt ihr denen denn noch beibringen? Die sind doch schon längst da weg, wo ihr erst hinwollt!«, so viele Kolleginnen und Kollegen. Doch hinter großspurigen Phrasen verbergen sich häufig Unwissen, Verunsicherung, Ängste und Zweifel sowie unbewältigte schmerzliche Erfahrungen. Anstelle der früheren Sprachlosigkeit tritt heute eine aufgeblasene Wortfülle. Diese ist nicht in der Lage, Jugendliche dort abzuholen, wo sie sind, oder sie dahin zu begleiten, wo sie hinmöchten. Sie verzerrt die Wirklichkeit junger (und auch älterer) Menschen. Ja, sie trägt ihren Teil dazu bei, Mädchen und Jungen in ihren sexuellen Bedürfnissen, Ansprüchen oder Erfahrungen zu entwerten.

Wer Jugendlichen Liebes- und Sexualgespräche anbietet, braucht Offenheit, Sensibilität und Respekt. Je verunsicherter Jugendliche sind, umso mehr tendieren sie dazu, solche Themen vorerst abzublocken. Denn in Gruppen gilt es als cool – besonders was »Sex« anbelangt –, mit Sicherheit, Kompetenz und Erfahrung aufzuwarten. Was da fehlt, wird mit lautstarken (und oft derben) Witzeleien wettgemacht. Manche Gesprächsangebote versanden in der Angeberei der Cliquenanführer oder derer, die dafür gehalten werden möchten. Dies erklärt teilweise, warum viele Lehrer/innen, Katecheten/innen oder Erzieher/innen ihrerseits Liebes- und Sexualgespräche vermeiden. Wer es respektvoll schafft, die Klippen aufgetragener Coolness und blasierter Angeberei zu umschiffen, wem es gelingt, Jugendliche in ihren Bedürfnissen zu erreichen, erlebt pädagogische Sternstunden.

Jugendliches Sexualverhalten

Es wäre eine unzulässige Verallgemeinerung, das Sexualverhalten der Jugendlichen in einem kurzen Umriss darzustellen. Wenn wir im Folgenden einige Trends aufzeichnen, dann wollen wir damit den hohen Stellenwert guter Sexualgespräche belegen und Orientierung für sexualpädagogische Initiativen geben.

Wir fassen unsere Thesen in zehn Punkten zusammen. Wir berufen uns dabei auf Umfragen, Aussagen in der Fachliteratur sowie persönliche pädagogische oder therapeutische Erfahrungen.

1 Im Vergleich zu früher ist der Geschlechtsverkehr unter Jugendlichen heute eine Normalität und eigentlich fraglos. Unterschiedlichen Umfragen nach haben etwa 40 % der 15-Jährigen und über 70 % der 17-Jährigen entsprechende Erfahrungen. Dabei wurde das vorher geltende Verbot nicht aufgehoben – es wurde umgekehrt. Die Norm des Verbotes wurde gewissermaßen zur Norm des Gebotes.

2 Ungezählte jugendliche Paare gestalten ihre Sexualität im Rahmen warmer, froher, verantwortungsbewusster und beglückender Beziehungen. Sie bewerten diese oft anhand anspruchsvoller moralischer Kriterien. Dabei gelten auch Enthaltsamkeit und Verzicht als wichtige Werte. Sie sind allerdings kein »Selbstzweck«; sie bedürfen der Legitimation: sein Selbstwertgefühl erhalten, die Liebe wachsen lassen, die Beziehung aufbauen, den Partner nicht verraten.

3 Wie bei Erwachsenen auch werden Sexualbeziehungen unter Jugendlichen gelegentlich »zweckentfremdet«. In verschiedenen Jungengruppen definiert sexuelle Erfahrung – teilweise zumindest – den Gruppenstatus. Manche Mädchen, die nicht als sexuelles Freiwild gelten wollen, wählen die Strategie der sexuellen Partnerschaft mit einem der Bewerber.

4 Insgesamt sind auch heutige Jugendliche beim Thema Liebe und Sexualität weitaus verunsicherter, als viele Erwachsene dies vermuten. Ungezählte Jugendliche fühlen sich sprichwörtlich nicht wohl in ihrer Haut. Sie haben Probleme, ihren Körper anzunehmen. Sie fühlen sich unterlegen, weil sie sozial und medial vermittelten Modellvorstellungen nicht entsprechen. Trotz der Einführung des Sexualunterrichtes in den Schulen verfügen Jugendliche häufig kaum über die elementarsten Sexualkenntnisse. Schließlich sollten wir nicht vergessen, dass heute etwa jede zweite Ehe scheitert. Das bedeutet auch, dass viele Kinder und Jugendliche mit der leidvollen Erfahrung zerrütteter Familienverhältnisse aufwachsen.

5 Bei manchen Sexualthemen ist unsere Zeit weniger aufgeschlossen, weniger tolerant, weniger respektvoll, als wir dies gerne glauben wollen. So gelten Masturbation und Homosexualität weiterhin als tabu bzw. wer-

den mit einem abfälligen Sprachgebrauch entwertet. Junge Menschen, die sich ihrer homosexuellen Orientierung bewusst werden, tun sich auch heute schwer. Vordergründige Toleranz darf nicht darüber hinwegtäuschen, dass die meisten Betroffenen kaum Hilfe erfahren. Die Aussonderung homosexueller Menschen sucht subtilere und weniger greifbare Formen.

6 Früher galt das Prinzip, dass vor allem unwissende (nicht »aufgeklärte«) Jugendliche sexuell unverantwortlich handelten, z.B. bei ungeschütztem Geschlechtsverkehr. Wir behaupten, dass vorwiegend emotional verunsicherte und affektiv vernachlässigte junge Menschen im Bereich der Sexualität »verantwortungslos« handeln. Ihr Selbstwertgefühl ist dermaßen angeschlagen, dass sie sich auf dem Partnerschaftsmarkt kaum Chancen auszurechnen vermögen. Sie meinen, mangelnde Attraktivität oder vermeintliche Defizite über den Weg grenzenloser sexueller Verfügbarkeit kompensieren zu müssen. Die bedingungslose sexuelle Bereitschaft wird dabei zum Preis für etwas Zuwendung und Liebe.

7 Sexuelle Gewalt bleibt eine erschreckende Realität. Man schätzt, dass etwa 10 % der Kinder zumindest einmal das Opfer sexueller Übergriffe werden. 80 % der Täter sind nahe Verwandte oder sogenannte gute Freunde der Familie. Dabei verstehen es Täter geschickt, Opfer über das Schweigegesetz mundtot zu machen. Sexuelle Gewalt an Jungen wird noch stärker tabuisiert als sexuelle Übergriffe gegenüber Mädchen.

Jugendliche sind nicht nur Opfer, sondern gelegentlich auch Täter sexueller Gewalt (entwürdigende Initiationsrituale in Vereinen, Cliquen, Internaten oder Heimen). Besonders unter den Männern werden frühere Opfer häufig zu Tätern. Frauen hingegen werden immer wieder durch dieselben Tätertypen angezogen, liefern sich selbst und unter Umständen auch ihre Kinder ihnen stillschweigend aus.

14

8 Junge Paare gestalten ihre Sexualität heute mit einem neuen, lebensbedrohlichen Risikofaktor, der Infektion mit dem HIV-Virus. Es ist erschreckend, dass viele Jugendliche anscheinend dieses Risiko eingehen, ohne sich entsprechend zu schützen.

9 Trotz effizienter und leicht zugänglicher Verhütungsmittel scheint die Zahl ungewollter Schwangerschaften (teilweise sehr) junger Mütter zuzunehmen. Versagt dabei die familiale und schulische Sexualerziehung? Sind Jugendliche immer weniger in der Lage, Verantwortung für sich und andere zu tragen? Handelt es sich etwa auch hier um eine Variante des Risikospieles?

Teilweise lassen sich frühzeitige Schwangerschaften mit dem »Baby-Mythos« erklären. Besonders Mädchen mit einem sehr geringen Selbstwertgefühl versuchen – sicher vor allem unbewusst –, sich über den Weg der Schwangerschaft selbst aufzuwerten oder als fragil empfundene Beziehungen über ein Baby zu kitten. In anderen Situationen wird die Schwangerschaft zur Fluchtstrategie: aus einem Heim rauskommen, eine Ausbildung abbrechen, sich schulischen oder beruflichen Pflichten entziehen, sich den Eltern widersetzen ...

10 Wir fragen uns, inwiefern Jugendliche und Erwachsene vermehrt dahin tendieren, sich auch im Bereich der Liebe und der Sexualität in virtuelle Welten zurückzuziehen. Die Fiktion vor dem Schirm setzt der Fantasie, aber auch der Macht und Willkür keine Grenzen; zum anderen schützt sie vor schmerzlichen physischen und psychischen Erfahrungen.

Ziele der Sexualerziehung

Wir möchten sieben Aufgaben der Sexualerziehung stichwortartig benennen:

Selbstliebe, Selbstvertrauen, Selbstwertgefühl

- nicht zu verwechseln mit Egoismus (alles für sich allein haben müssen), Egozentrismus (immer im Mittelpunkt stehen wollen) oder Narzissmus (für sich selbst zum innig geliebten Maß aller Dinge werden)
- seinen Körper kennen, ihn pflegen und ihn fordern
- eigene Bedürfnisse wahrnehmen, äußern, erfüllen, aber auch zurückstellen können
- sich fordern, sich engagieren, seine Ressourcen mobilisieren
- um seine Einmaligkeit wissen
- sein Geschlecht und seine sexuelle Orientierung bejahen

Partnerschaftsfähigkeit

- darum wissen, dass man auf andere angewiesen ist, andere Menschen kennenlernen und auf sie zugehen, Initiativen ergreifen
- die Gleichwertigkeit anderer anerkennen
- das andere Geschlecht positiv werten, gängige Klischees und Vorurteile kritisch hinterfragen
- festhalten und loslassen können, Nähe und Distanz gleichermaßen pflegen
- Gemeinschaft wie Einsamkeit aushalten und kreativ gestalten
- sich kein Bildnis machen, weder vom Partner noch von der Beziehung

Streitkultur

- eigene Wünsche und Erwartungen offen melden
- die Unterschiedlichkeit anderer aushalten, respektieren und bejahen

- Konflikte fair austragen
- Kompromisse eingehen
- in Beziehungen weder beherrschen noch sich unterwerfen, Macht-positionen fair ausspielen
- dem Partner Demütigungen ersparen

Zärtlichkeit

- füreinander Zeit haben, umeinander werben
- Sexualität nicht auf Genitalität oder Geschlechtsverkehr verkürzen (nach dem Motto: alles oder nichts!)
- einander Anerkennung und Geborgenheit schenken
- liebevolle Worte und Gesten austauschen
- sich im Liebesspiel immer wieder neu entdecken
- dankbar sein und Anerkennung zeigen

Verantwortung

- autonom werden, selber hinsehen, werten und entscheiden
- Konsequenzen bedenken und entsprechend handeln
- sich und andere nicht unter Druck setzen, sich nicht über die eige-nen Ängste erpressen lassen, darauf verzichten, andere emotional zu vereinnahmen
- sich gemeinsam vor unerwünschter Schwangerschaft und vor AIDS schützen
- Aufgaben und Lasten fair untereinander aufteilen

Umgang mit Grenzen und Zerbrechlichkeit

- sich selbst und den Partner realistisch einschätzen, niemanden überfordern
- es vermeiden, Probleme zu dramatisieren, vor Schwierigkeiten nicht kapitulieren
- dem Partner melden, was Schmerzen zufügt und Kummer verur-sacht

17

- die Achillesferse und »blinde Flecken« des Partners respektieren, unnötige Provokationen vermeiden
- liebevoll umgehen mit den »irrationalen« Anteilen des Partners
- »Ent-täuschungen« aushalten und konstruktiv zu nutzen wissen
- in der Partnerschaft scheitern können, ohne sofort daran zu zerbrechen
- sich selbst und anderen verzeihen können

Kunst des Genießens

- seine fünf Sinne zu gebrauchen wissen, die eigene Sinnlichkeit kultivieren
- offen sein für die Freuden des Alltags und sie auskosten
- nicht auf Kosten anderer genießen
- träumen und spielen können
- sich in seiner Lust gehen lassen, leidenschaftlich sein dürfen

Orientierung an Werten und Bedürfnissen

Sexualerziehung ist nicht neutral. Sie bleibt immer gekoppelt an Ideale und Werte, persönliche Bedürfnisse und Ansprüche. Sie rührt an ungezählte frohe und schmerzliche Erfahrungen. Sie setzt sich auseinander mit Verhaltensnormen und deren Begründung. Sie steht im Zusammenhang von sozial vermittelten Begriffen, Bildern, Symbolen und Ritualen.

Allein schon die Wortwahl veranschaulicht die These. Geschlechtsverkehr, ehelicher Verkehr, Liebesakt, Koitus, Sex, ficken, miteinander schlafen, bumsen, vögeln? Alle diese Begriffe haben eigene emotionale und soziale Konnotationen, die den Sexualakt aus einer bestimmten Perspektive heraus sehen, deuten und werten.

Der bewusste Verzicht auf Wertfreiheit legitimiert es keineswegs, eigene sexuelle Werte anderen »überzustülpen«. Er setzt in der freien und pluralen Gesellschaft voraus, dass Sexualerzieher sich im Bereich Liebe und Sexualität offen mit eigenen Idealen, Werten, Überzeugungen, Meinungen, Erfahrungen und Verhaltensnormen auseinandersetzen. Dies trägt dazu bei, persönliche Erwartungen, Freuden, Ängste oder Träume nicht auf die Jugendlichen zu projizieren. Es hilft, bei der Formulierung eigener Aussagen zu unterscheiden zwischen Fakten, Meinungen, Ansprüchen und Haltungen. Dies wiederum fördert ein Klima gegenseitiger Toleranz.

Sexualerzieher sind weniger Sittenwächter als vielmehr Sinndeuter. Sie leiten Mädchen und Jungen dazu an, unterschiedliche Geschlechtsbedürfnisse, Liebesträume, Sexualnormen und Partnerschaftserfahrungen bewusst wahrzunehmen, sie offen zu artikulieren und sie korrekt einzuordnen. Es ist nicht ihre Aufgabe, Jugendliche in ihren Meinungen oder Haltungen zu billigen oder zu verurteilen, sondern vielmehr mit ihnen zusammen sinnvolle Sexual- und Liebesperspektiven zu erschließen.

Die Qualität eines guten Sexualgespräches mit Jugendlichen hängt nicht davon ab, dass der oder die Sexualerzieher/in es schafft, die Gruppe von seiner oder ihrer Position bei verschiedenen Themen zu überzeugen. Es darf und es sollte kontrovers diskutiert werden. Desgleichen bleibt auch ein Gruppendissens ein »gutes« Ergebnis, wenn alle Teilnehmer/innen zu Wort gekommen sind und einander respektvoll zugehört haben.

Auch die freie, demokratische und plurale Gesellschaft braucht in Sachen Liebe und Sexualität gemeinsame und verbindliche Abmachungen, die nicht zur Disposition stehen dürfen:

- die prinzipielle Bejahung der menschlichen Sexualität
- das Recht auf affektive und sexuelle Selbstbestimmung
- das Angebot von orientierenden Idealen und Werten
- der Zugang zu gesicherten Sexualkenntnissen
- der grundsätzliche Respekt gegenüber Menschen mit von der Norm abweichender sexueller Orientierung
- der Verzicht auf physische, psychische und sexuelle Gewalt
- die Ausrichtung des Sexualverhaltens am Wohlergehen der beteiligten Partner

- der Schutz vor ungewollter Schwangerschaft
- die aktive Prävention gegen AIDS und andere Geschlechtskrankheiten
- das strenge Verbot pädophiler Akte
- der Kampf gegen die sexuelle Ausbeutung von Menschen jeden Alters, besonders aber von Kindern und Jugendlichen
- der besondere Schutz von Kindern und Minderjährigen ...

Die 1989 von der UNO verabschiedete und von nahezu allen Ländern auf der Welt ratifizierte Kinderrechtskonvention dürfte auch hierbei eine verbindliche Grundlage bieten.

Wer spielt in der Sexualerziehung eine Rolle?

In der heutigen Zeit spielen besonders im Sexualbereich »heimliche Miterzieher« eine ganz wesentliche Rolle: Fernsehen, Internet, Videospiele, Popmusik, Jugendzeitschriften, Werbung und Co. Die meisten Dreizehnjährigen dürften Tausende von Sexualakten im Fernsehen visuell und akustisch miterlebt haben. Auf dem Familiencomputer werden sie weitaus schneller als ihre Eltern in der Lage sein, hartgesottene Pornobeiträge herunterzuladen. Viele der so übermittelten Sexualbotschaften sind vor allem negativ zu bewerten, weil dabei häufig elementare Menschenrechte – Selbstbestimmung, Gewaltlosigkeit, Anspruch auf Liebe und Glück – auf der Strecke bleiben. Zudem werden die Aussagen kaum je aufgearbeitet. Obschon sie bei Kindern und Jugendlichen häufig starke Emotionen auslösen und sie also im Innersten berühren, bleiben sie in der Sprachlosigkeit und können umso mehr eine schädliche Wirkung entfalten.

Besonders in der pluralen Gesellschaft bleibt die Sexualerziehung sicher zunächst ein elterliches Vorrecht. Allerdings fühlen sich in diesem Bereich nach wie vor manche Eltern überfordert. Dies gilt nicht zuletzt auch für Einwandererfamilien: Eltern und Kinder spüren rasch, dass die tradierten Normen in der neuen Heimat nicht standhalten, diese Tatsache verstärkt die ohnehin weitverbreitete Desorientierung bei den Themen rund um Liebe und Sexualität.

Nicht nur aus diesem Grund kommt der Schule eine wichtige Erziehungsrolle im Sexualbereich zu. Dort ist das Klima emotional gelassener als in der Familie. Viele Jugendliche tun sich leichter daran, in der Schule »heikle« Themen anzusprechen: Scheidung, Gewalt, Verhütung, Abtreibung, Homosexualität, Prostitution ... Sie spüren sehr gut, dass solche Themen ihre Eltern unter Umständen verunsichern und verängstigen.

Außerdem hat die Schule das Privileg, Liebe und Sexualität im Rahmen der Peergroup, unter Gleichaltrigen anzugehen. Somit wird die Kommunikation vielseitiger und es kommt zum Austausch untereinander. In gleichberechtigter Art und Weise bringen Jugendliche – Mädchen und Jungen, Deutsche und Ausländer, Anhänger unterschiedlicher Religionsgemeinschaften – unterschiedliche Standpunkte kontrovers ins Gespräch (z.B. Rollen von Mann und Frau, Machtverhältnisse innerhalb der Paarbeziehung, die Art, sexuelle Interessen zu bekunden, das Recht, Absagen zu erteilen).

Im Vergleich zur Familie ist die Schule besser in der Lage, sozialpädagogische Themen gezielt und systematisch anzugehen.

Vielfach tun sich auch die Lehrer und Lehrerinnen schwer mit der Thematik. Häufig ist das gängige Schulklima kaum vereinbar mit der Sensibilität oder der Respekthaltung, die hierbei nicht nur die Lehrer, sondern auch die Schüler aufbringen müssen. Die Atmosphäre vieler Klassensäle und der übliche Stundenrhythmus mit seinen Klingelzeichen tragen kaum dazu bei, einen tiefer gehenden Austausch zu fördern. Oft genug verhindern auch die Spannungen innerhalb der Schülergruppe Gespräche, die gegenseitige Offenheit und persönliche Authentizität voraussetzen. Aus diesen gewiss verständlichen Gründen kommt es vor, dass die im Lehrplan vorgesehene Sexualkunde »ausfällt« (»Wir haben noch so viel in Mathe aufzuarbeiten!«). Oder aber die Sexualkunde wird dem Biologielehrer aufgebürdet, der sich seinerseits auf eine bündige Vermittlung biologischer Daten beschränkt. Solche pädagogischen Manöver haben den großen Nachteil, dass sie meilenweit an den Schülern vorbeiführen und sie mit ihren Fragen ignorieren. Das trägt mit dazu bei, dass viele Jugendliche trotz eines obligatorischen schulischen Sexualunterrichts bestenfalls über zweifelhafte Sexualkenntnisse verfügen.

Es kann sehr lohnend sein, das Gespräch über Liebe und Sexualität in Freizeitgruppen oder zumindest außerhalb des gewohnten schulischen Rahmens anzubieten. Aus unserer Erfahrung wissen wir (die Autoren), dass Jugendliche häufig Jugendleiterinnen und Jugendleiter spontan ansprechen. Wenn Jugendliche selbst die Initiative ergreifen, dann ist ihre Motivation zur aktiven Teilnahme umso größer. Es ist schade, wenn Erwachsene sich nicht in der Lage fühlen, solche Appelle wahrzunehmen und die daran gekoppelten Chancen gezielt zu nutzen.

Implizite und explizite Sexualerziehung

Als Eltern, Lehrer und Erzieher wissen wir, dass Kinder und Jugendliche mehr durch unser gelebtes Beispiel als durch unsere Worte geprägt werden. Dies fordert zumindest eine Haltung großer Authentizität. Wer selbst Liebe vermitteln möchte, aber zutiefst am eigenen Ich zweifelt, hat kaum Chancen, die Botschaft erfolgreich rüberzubringen. Wer sich selbst griesgrämig durchs Leben schleppt, sollte es bleiben lassen, andere in die Kunst des Genießens einzuführen.

Auch wenn wir das Thema Liebe und Sexualität mit unseren Kindern oder Schülern nie bewusst ansprechen, vermitteln wir zahllose Liebes- und Sexualbotschaften: unsere Art, unser Frau- oder Mannsein zu gestalten; unser Stil im Umgang mit dem anderen Geschlecht; unsere Kompetenz und unsere Defizite beim Austragen von Spannungen und Konflikten; die Ausstrahlung unseres Körpers; unsere Sicherheit und unsere Unsicherheit in Begegnungen mit Jugendlichen des anderen Geschlechts; unsere nonverbalen Reaktionen auf Anfragen Jugendlicher ...

Das Kapitel *Die psychosexuelle Entwicklung in der Kindheit* illustriert auf seine Art, dass die implizite Sexualerziehung den Eckstein oder das Fundament der Sexualkultur darstellt. Wer darum weiß, steht auch in der Verantwortung, die »wortlose« Sexualerziehung bewusst zu gestalten. Als Erwachsene haben wir die Pflicht, von Respekt und Zärtlichkeit, Freiheit und Verantwortung, Treue und Verbindlichkeit nicht nur zu sprechen, sondern sie vorzuleben, sie zu verinnerlichen und sie so in unserem Verhalten authentisch auszustrahlen. Wenn es uns dabei gelingt, die Gabe des Humors zu pflegen, dann verzeihen Kinder und Jugendliche uns auch gelegentliche »Ausrutscher«.

Trotzdem kommt eine sachgerechte Sexualerziehung nie ohne Worte aus. Sprache hat eine nahezu magische Kraft. Worte schaffen emotionale Distanz. Sie begleiten die Handlungen und tragen dazu bei, diese zu verstehen, sie zu »be-greifen«, sie eindeutig zu benennen. Worte deuten das Geschehen, sie geben ihm Sinn.

23

Die pädagogische Erfahrung als Sexualerzieher lehrt uns, sensibel und respektvoll auf ungezählte Anfragen von Kindern und Jugendlichen zu reagieren. Wir verweisen gerne in diesem Zusammenhang auf den Fragenkatalog im Kapitel *77 Fragen zu Liebe, Sex und mehr*. Hinter zahllosen sachlich und unpersönlich formulierten Fragen stehen sehr persönliche Bedürfnisse, Anliegen, Sorgen, Ängste oder gar leidvolle Erfahrungen. Von »Appellen auf leisen Sohlen« spricht dabei der Psychologe Friedemann Schulz von Thun. Selbstverständlich bleibt der Austausch im Klassenzimmer oder in der Jugendgruppe ein Erziehungsgespräch. Dieses kann und darf nicht zur Therapiesitzung werden. Von daher steht der Lehrer, die Erzieherin oder der Gruppenleiter in der Pflicht, auf objektive Anfragen auch sachliche Antworten zu geben. Allerdings bleibt er oder sie gefordert, die emotionale Färbung wahrzunehmen, die Appelle zu hören und angemessen auf sie zu reagieren. Auch objektive Antworten können so formuliert werden, dass sie entlasten, beruhigen, ermutigen, trösten und deuten. Als Empfänger vieler affektiver und sexueller Botschaften kann jeder aus der eigenen Erfahrung heraus gut nachvollziehen, wie sehr andererseits »sachliche« Antworten – gewollt und ungewollt – auch verunsichern, demütigen oder verletzen können.

In einer gemischten Schülergruppe wurde uns die Frage gestellt: »Was ist eine Nymphomanin?« Die 16- bis 17-Jährigen reagierten unterschiedlich: Kichern, anzügliche Bemerkungen einiger Jungen, Empörung der Mädchen, dann gespannte Aufmerksamkeit: »Was werden die denn nun wohl sagen?« Ernst gemeinte Frage, sachliches Interesse, Provokation, Wunschdenken einiger Jungen, persönliche Betroffenheit ...? Nach einer bündigen Erklärung des Begriffes stellten wir eine Gegenfrage: »Warum, meint ihr, wird eine (junge) Frau zur Nymphomanin?« Es folgte ein Austausch über das Thema der sexuellen Gewalt, bei dem alle Jugendlichen sehr aufmerksam und interessiert mitmischten. Am Ende der wieder einmal allzu kurzen Schulstunde kam ein Mädchen auf uns zu und sagte: »Wissen Sie, Sie haben über meine Freundin gesprochen. Alles, was Sie sagten, stimmt genau. Wie kann ich ihr helfen?« Bei der Auswertung unseres Gesprächs mit den jungen Menschen fragten wir uns besorgt, wer letztlich die Freundin sei, und ob dieses Mädchen nicht von sich selbst gesprochen habe.

Der Sexualkundeunterricht wird häufig über genau definierte Lehrpläne festgelegt. Unter Umständen bleibt es bei der Vermittlung präzise umrissener Daten und Fakten aus den Bereichen Biologie und Soziologie. Möglicherweise um sich selbst zu schützen und »ja nichts aufkommen zu lassen«, unterbindet der Lehrer spontane Anfragen der Schüler sowie den Austausch untereinander. Wir meinen hingegen, dass es unumgänglich ist, Jugendliche zu ermutigen Fragen zu stellen, Themen anzusprechen und Meinungen auszutauschen. Dazu braucht es Lehrer/innen und Erzieher/innen, die ihre pädagogischen Grundhaltungen konsequent pflegen: Verständnis, Offenheit, Verfügbarkeit, Sensibilität, Gelassenheit, Selbstliebe, Respekt und Autorität. Solche Pädagogen sind in der Lage, etwaige Spannungen innerhalb der Gruppe aufzufangen und mögliche Provokationen seitens der Jugendlichen korrekt zu »entschlüsseln«. Sie wissen, dass Provokationen häufig genug getarnte Gesprächsappelle sind. Wer über die nötige persönliche Souveränität verfügt, ist in der Lage, sie geschickt aufzufangen und als wichtige Impulse pädagogisch zu nutzen. Solche Menschen sind unschätzbar wertvolle »Liebesboten«.

Sexualerziehung oder Sexualbegleitung?

Der pubertäre Wachstums- und Reifungsprozess fordert Jugendlichen viel ab, bewirkt oft Angst und Unsicherheit, konfrontiert sie mit der Frage nach Sinn und Wert ihres Daseins. Gegenüber ihrem Körper, ihrer Entwicklung und ihrer sexuellen Reifung empfinden manche Mädchen und Jungen Zweifel, Scham und Ekel. Sexualerziehung kann sie hier positiv bestätigen und motivieren (siehe *Die Pubertät*).

Bei Sexualgesprächen geht es auch darum, die jungen Menschen in ihren vielfältigen emotionalen Erlebnissen zu begleiten, diese behutsam mit ihnen zu werten und aufzuarbeiten. Sehr unterschiedliche Themen stehen dabei an: der Umgang mit sozialem Druck seitens der Clique, Spannungen und Konflikte zwischen Mädchen und Jungen, Streit mit Eltern und Geschwistern, Fragen zur Partnerwahl, Liebeskummer, Pflege der eigenen Attraktivität ...

»Was wollt ihr denen denn noch beibringen! Die sind doch schon längst da weg, wo ihr erst hinwollt!« Dieses oben stehende Zitat ist gewiss in einem Punkt richtig: Ungezählte Jugendliche – darunter möglicherweise unsere eigenen Kinder, unsere Schüler oder Gruppenteilnehmer – haben in ihrem Alter bereits Erfahrungen gesammelt, die vielen von uns bislang erspart blieben (grobe Vernachlässigung, Auseinanderbrechen der Familie, materielle Not, Gewalt, Ausbeutung, Krieg, Terror, Flüchtlingselend). So gesehen sind uns Jugendliche häufig mehr als einen Schritt voraus. Oft genug sind die Liebes- und Sexualerfahrungen von Kindern und Jugendlichen schmerzlich, haben körperliche und seelische Wunden hinterlassen, haben sie zumindest in ihren Sehnsüchten und Träumen entzaubert.

Früher mochte man die Sexualerziehung vor allem als Vorbereitung auf spätere Erfahrungen ansehen. Dies gilt sicher auch heute noch für die allermeisten der 13-, 14- oder 15-Jährigen. Bei vielen anderen Töchtern und Söhnen, Schülerinnen und Schülern, Gruppenteilnehmerinnen und Gruppenteilnehmern müssen wir den Austausch über Liebe und Sexualität so gestalten, dass er sie begleitet, sie auffängt, tröstet, auf Hilfs- und Beratungsangebote hin orientiert.

Übrigens, um jungen Menschen dabei gerecht zu werden, haben wir es keineswegs nötig, in allen Belangen ihre Erfahrungen am eigenen Leib und an der eigenen Seele zu teilen. Umso mehr bleiben wir gefordert in der Pflege der bereits weiter oben angesprochenen pädagogischen Grundhaltungen.

Der Sinn von Wissensvermittlung

Sachgerechte Sexualerziehung kommt nicht aus ohne gute Gespräche, sollte aber auch keineswegs auf die Vermittlung sachlicher und fachlich abgesicherter Kenntnisse verzichten. Wir haben bereits darauf hingewiesen, dass sehr viele Jugendliche weitaus weniger wissen, als Erwachsene dies vermuten. Unwissenheit trägt viel dazu bei, gegenüber sich selbst und anderen verantwortungslos zu agieren.

Doch setzen auch die genannten Ziele der Sexualerziehung Wissen und Kenntnisse voraus:

- Entwicklung des Körpers
- Funktion der Geschlechtsorgane
- Gemeinsamkeiten und Unterschiede der beiden Geschlechter
- Wirkungen unterschiedlicher Verhütungsmittel
- Prävention von Geschlechtskrankheiten
- Wissen über Homosexualität
- Sexualhygiene und Pflege der körperlichen Attraktivität
- gesellschaftliche und kulturelle Prägung von Liebe und Sexualität
- Analyse gängiger sozialer Botschaften
- Vermittlung von Idealen, Werten und Normen ...

Weil das Angebot objektiver Fakten unverzichtbar ist, haben wir uns darum bemüht, Sexualwissen aus unterschiedlichen Bereichen in diesem Buch mit zu verarbeiten. Wir unterstreichen dabei, dass auch die Vermittlung von Kenntnissen häufig wertvolle Gesprächsimpulse liefert.

Didaktische Anmerkungen

Sexualerziehung ist ein sehr umfassendes Anliegen. Sie ist eigentlich Bestandteil eines lebenslangen Bildungsprozesses: die Kultur des Menschseins. Die spontanen Fragen von Kindern und Jugendlichen beim Thema Liebe und Sexualität und deren faszinierende Vielfältigkeit bestätigen unsere These. In der Sexualerziehung geht es um Körper und Seele, um Freuden und Ängste, um Liebe und Gewalt, um Chancengleichheit und Aussonderung, um Familie und Gesellschaft, um Resignation und Glauben.

Das Gespräch über Liebe und Sexualität hat seinen guten Platz in jeder Altersstufe. Diese Aussage trifft auch für Erwachsene und Senioren zu. Die Themen bleiben häufig dieselben, doch es verändern sich mentale und sprachliche Ressourcen, die persönliche Betroffenheit, jeweilige Bedürfnisse, Erfahrungen, Ängste und Sorgen, spirituelle Ansprüche und Glaubenshaltungen.

Manchmal wird besonders unter Lehrern die Frage aufgeworfen, welche Fachausbildung am besten auf die Sexualerziehung vorbereite. Sinnvoll wäre es, sich in unterschiedlichen Fächern auszukennen. Die Sexologie ist per se eine multi- und interdisziplinäre Angelegenheit. Wir, die Autoren, sind überzeugt, dass jede/r Lehrer/in und jede/r Erzieher/in sich die erforderlichen Sachkenntnisse problemlos anzueignen vermag. Unser Buch – so hoffen und wünschen wir – bietet sich hierfür als Arbeitsgrundlage an. Aus der eigenen Erfahrung heraus bestätigen wir gerne, dass sich besonders bei Liebes- und Sexualgesprächen das »Team-Teaching« oder die Co-Moderation als wertvolle Chance erweisen: verschiedene fachliche Kompetenzen, aber vor allem auch unterschiedliche Erfahrungen und Sensibilitäten (Mann und Frau, alt und jung, verheiratet und geschieden, gläubig und religiös indifferent, Hetero und Lesbe).

Was nun die Methodik anbelangt, so sind dabei der freien Fantasie kaum Grenzen gesetzt:

- spontanes Gespräch (auf Anfrage oder aus einem bestimmten Anlass)
- Probleme aufgreifen (Spannungen zwischen Jungen und Mädchen, Scheidung eines Lehrers, Schwangerschaft einer Schülerin)
- Sensibilisierungskampagnen aufgreifen (AIDS-Prävention)

- Analyse unterschiedlicher Texte (Literatur, Bibel, Koran, Chansons, Witze, Märchen, Werbung)
- Filmdiskussion und Betrachtung von Kunstwerken (Skulpturen, Bilder, Fotos)
- Besuche in Beratungs- oder Familienbildungsstellen
- Plakate und Collagen
- eigene Recherchen der Jugendlichen (Bibliothek, Fachliteratur, Internet, Presse)
- Rätsel und Wortspiele
- Stammbaum (biologische Familie) oder »Ahnengalerie« (Wahlverwandte, Menschen, die einen affektiv sehr prägen oder geprägt haben) zeichnen
- Autobiografie (Geburt, Kindheit, Anekdoten, erste Liebe)
- Auseinandersetzung mit den affektiven Erfahrungen anderer (Homosexuelle, zölibatär lebende Menschen, Geschiedene, ältere Paare, Opfer von Gewalt)
- Wissensvermittlung (Psychologie, Biologie, Soziologie, Ethnologie, Theologie, Philosophie, Demografie, Ethik, Genetik, Medizin)

In den unterschiedlichen Kapiteln dieses Buches finden die Leserin und der Leser weitere Tipps, wie man unterschiedliche Themen angehen kann. Es ist uns wichtig, in diesem Zusammenhang noch mal zu unterstreichen, dass didaktische Mittel nicht zum Selbstzweck werden sollen. Sie sind wertvoll und somit unverzichtbar, wenn sie Erziehende dabei unterstützen, Jugendliche zu berühren, sie dort abzuholen, wo sie sind, sie aufzufangen in ihren Sorgen und Freuden, ihren Ängsten und Hoffnungen, ihren Bedürfnissen und Ansprüchen. Wie so häufig gilt auch hierbei das Prinzip, dass Erwachsene gut beraten sind, Unterrichtsstunden oder Gesprächsrunden gut vorzubereiten, sie mit hohem Improvisationstalent zu gestalten und sie kompetent auszuwerten.

Zum Sprachstil

Welche Worte sollten Sexualerzieher gebrauchen, um Jugendliche zu erreichen und ihnen die »gute Botschaft« zu übermitteln? Sexologen und Pädagogen vertreten hierzu unterschiedliche Positionen.

Wenn wir die verschiedenen Sexualdiskurse untersuchen, lassen sich mehrere Sprachstile herauskristallisieren:

Wissenschaftler greifen tendenziell eher auf den biologischen und medizinischen Fachjargon zurück: Penis, Vulva, Vagina, Kopulation, Koitus, Gameten, Ovulation ... Die wissenschaftliche Sprache ist emotionsfrei und moralisch »neutral«. Sie wirkt andererseits fremd und »abgehoben«. Unser Sohn und Bruder Daniel würde es prägnant auf den Punkt bringen: »Versteh' ich nicht!«

In ihrem Bemühen, die menschliche Sexualität in der Perspektive des christlichen Glaubens als hehres Gut darzustellen, verwenden manche Kirchenvertreter sorgsam gewählte Worte: Geschlechtlichkeit, Liebesverkehr, »gegenseitige Übereignung der Gatten«, »jene Akte, durch die die Eheleute innigst und lauter eins werden«, »die den Eheleuten eigenen und vorbehaltenen Akte« ... Mal ganz abgesehen von Daniels Kommentar dazu wirken solche Wendungen in den Ohren vieler Zeitgenossen eher prätentiös; sie hinterlassen den Eindruck, man rede an den eigentlichen Problemen vorbei.

Verschiedene Sexualpädagogen plädieren dafür, die gängige Vulgärsprache zu übernehmen: Schwanz, Fotze, Arsch, Möpse, rumknutschen, ficken, bumsen ... Wir meinen, dass viele Jugendliche diesen Sprachstil weder aktiv gebrauchen noch ihn in all seinen »Feinheiten« passiv verstehen. Außerdem trägt er in den Ohren vieler Menschen dazu bei, Liebe und Sexualität in unzumutbarer Weise abzuwerten.

Manche Eltern »erfinden« im Austausch mit ihren (Klein-)Kindern eine verniedlichende Sprache: Zipfelchen (Glied), Täschchen (Vulva und Scheide), Äpfelchen (Brüste), Kussi-Kussi (schmusen) ... Wir meinen, solche und ähnliche Wortkreationen sind kindisch und wirken albern. Eltern tun gut daran, sich selbst und ihren Drei- oder Vierjährigen solche Peinlichkeiten zu ersparen.

Es bleibt die allgemein verständliche Umgangssprache: Glied, Scheide, Gebärmutter, schmusen, miteinander schlafen, Geschlechtsverkehr ... Wir, die Autoren, bevorzugen diesen Sprachstil und machen damit auch gute Erfahrungen.

In anderen Kapiteln dieses Buches kommen wir zurück auf das generelle Problem einer weitverbreiteten Sprachlosigkeit beim Thema Liebe und Sexualität. Zum einen bleibt das Sexualgespräch häufig weiterhin tabu, zum anderen verfügen viele nicht über einen adäquaten Wortschatz. Dies gilt nicht nur für Kinder oder Jugendliche, sondern vor allem auch für Eltern oder selbst Lehrer und Erzieher. Wir alle haben im Sprachunterricht gelernt, uns sehr differenziert in Sachen Wohnen, Kleidung, Waschen, Essen, Trinken, Arbeiten oder Reisen zu artikulieren. Doch beließ uns unsere Schulbildung beim Thema Lieben, Schmusen oder Miteinanderschlafen ziemlich sprachlos.

Allein schon aus diesem Grund sollten Sexualerzieher Jugendliche dort abholen, wo sie sprachlich sind. Selbstverständlich greifen Schüler gelegentlich gezielt auf »Obszönitäten« zurück, um sich vor den anderen aufzuspielen, um den Lehrer zu testen oder auch um ihn zu provozieren. Pädagog/innen, die dabei schamhaft erröten, wütend reagieren oder gar strafen, geben gute Trumpfkarten aus der Hand.

Es ist lehrreich und lohnend, von der Sprache der Jugendlichen auszugehen.

IM SEXUALGESPRÄCH mit dem vierzehnjährigen Patrick lernte der erfahrene Sexualpädagoge Mill Majerus die Dinge so schildern und erläutern, dass auch der von Geburt an blinde Jugendliche sie verstehen und begreifen konnte. Das Ei einer Frau ist wie ein kleiner Punkt, den man mit einem fein gespitzten Bleistift aufs Blatt setzt. Patrick half Mill auf die Sprünge: »Du meinst, es ist so klein wie ein Sandkorn!«

IN EINER GRUPPE junger geistig Behinderter sprach Mill einen Abend lang über das Thema Geschlechtsverkehr. Die jungen Frauen und Männer waren bei der Sache, beteiligten sich aber kaum am Gespräch. Dies war an den übrigen Abenden ganz anders gelaufen. Erst bei Mills Abschied aus der Gruppe fragte einer der Männer: »Du, Mill, was heißt eigentlich Geschlechtsverkehr?« Der anwesende Erzieher antwortete spontan: »Das heißt ›bupen‹!« (Luxemburger Vulgärsprache). Sofort riefen alle Anwesenden erleichtert: »Es heißt bupen!« Endlich – wenn auch etwas spät – hatte man den »klugen« Referenten verstanden. An dem Abend fuhr Mill beschämt nach Hause.

Sexualerziehung im Rahmen der Kirchen

Vorab möchten wir, die Autoren, das wertvolle sexualerzieherische Engagement zahlreicher Religionslehrer/innen aller Schultypen und ungezählter Mitarbeiter/innen der Kirchen würdigen. In aller Regel stellen sie sich ihrer sexualpädagogischen Verantwortung mit großem Engagement und hoher Kompetenz. Der Ansatz ist dabei meistens sehr offen, empathisch und breit gefächert.

Das Unterfangen, Sexualerziehung im Rahmen der katholischen Kirche anzugehen, scheint auf den ersten Blick zumindest gewagt. Sexualerzieher gehen dabei das Risiko ein, sich gewissermaßen zwischen alle Stühle zu setzen. Die katholische Kirche vertritt ein sehr anspruchsvolles Ideal, aus dem heraus sie strenge und verbindliche moralische Vorschriften ableitet, die selbst praktizierende Katholiken längst nicht immer nachvollziehen können. Zum anderen sprechen Jugendliche Wünsche und Erfahrungen an, die den kirchlichen Vorstellungen häufig diametral entgegengesetzt sind. Zudem scheinen sich auch gläubige Jugendliche immer weniger für die Position und die Begründungen der Kirche(n) zu interessieren.

Christliche Sexualerzieher teilen den Anspruch, besonders im Bereich von Liebe und Sexualität Jugendlichen frohe Perspektiven zu vermitteln, keineswegs aber sie mit Forderungen und Drohungen zu »erschlagen«. Dabei sollten sie – nicht nur aus Angst vor eventuellen beruflichen Konsequenzen, sondern vor allem ihrer selbst willen – authentisch bleiben:

- Die Botschaft Jesu vermittelt neue und sehr radikale (in die Tiefe gehende, das Wesentliche erfassende) Lebens- und Liebesperspektiven. Sie lassen uns Menschen bereichernde Horizonte entdecken.
- Der christliche Gottesglaube und seine Botschaft sind ein Angebot gegenüber freien Menschen, die gefordert sind, selbst für sich zu entscheiden.
- Das christliche Jawort begründet keineswegs einen ethischen Freibrief, sondern verpflichtet im Alltag zu einem anspruchsvollen Programm der Gottes-, der Nächsten- und der Selbstliebe. Dabei gelten allgemein verbindliche Prinzipien (erkannte Wahrheiten), über die der Einzelne nicht beliebig aus seiner Situation oder seinem Empfinden heraus verfügen darf.
- Die Kirchen verstehen sich als Hüterinnen dieser Ideale und Prinzipien. Um den Einzelnen zu »entlasten« und ihn hilfreich zu begleiten, verfassen die Kirchen moralische Regeln für die Gestaltung des alltäglichen Lebens.

Die Kirchen vertreten ein sehr hehres Liebesideal, für das auch junge Menschen sich engagieren und begeistern:

Würdigung der menschlichen Liebe als Zeichen der unendlichen Güte Gottes – Anwaltschaft für eine »Zivilisation der Liebe« (Papst Johannes Paul II.) – Wertschätzung der Zärtlichkeit und der Sexualität – Berücksichtigung der persönlichen Bedürfnisse und Empfindungen – Aufforderung zu einer verantwortungsbewussten Elternschaft – Respekt gegenüber homosexuell orientierten Mitmenschen – Angebot der Treue als positive Herausforderung – Mitarbeit der Eltern am Schöpfungswerk Gottes – Sorge um Alleinstehende oder Vereinsamte, um AIDS-Kranke oder Opfer sexueller Gewalt ...

Es wäre verantwortungslos, mit diesen »guten Nachrichten« hinter dem Berg zu halten. Es ist die spezifische Mission christlicher Sexualerzieher, für das christliche Lebens- und Liebesideal zu werben. Als gewissenhafte Pädagogen werden sie sich davor hüten, dabei »die Latte so hoch zu legen, dass man drunter durchschlüpfen kann, ohne auch nur anzustoßen« (um den verstorbenen Freund und Kollegen Barthold Strätling zu zitieren). Vor etlichen Jahren noch hätten wir von der »Destruktivität der Ideale« gesprochen, von moralischer Überforderung, Gängelei, unzumutbarer Belastung, Scheitern und Demotivation. Junge Menschen heute wissen jedoch sehr wohl, sich zu schützen: Widerspruch anmelden oder einfach abschalten. Erzieher dürfen sicher die Latte nicht zu hoch legen, sollten andererseits Jugendliche auch nicht unterschätzen und es bestenfalls bei einer Art »Feuerwehrethik« belassen, nach dem Motto: sich darauf beschränken, das Schlimmste zu verhindern. Sexualerziehung kommt nicht aus ohne Orientierung an Idealen und Werten. Der christliche Glaube, sein Gottes- und Menschenbild sind dabei zumindest eine interessante Alternative.

Sexualerzieher im kirchlichen Dienst sind gefordert, die Lehre der Kirchen über Liebe, Sexualität, Partnerschaft, Ehe und Familie zu kennen und sich damit auseinanderzusetzen. Es ist immer wieder lohnend, kirchliche Aussagen (Konzil, Papst und Vatikan, Synoden, Bischöfe) in ihrem gesamten Wortlaut zu lesen und zu entschlüsseln – der weihevolle Jargon gewisser kirchlicher Würdenträger ist nicht immer leicht zu verstehen. Wer sich auf die Aufmacher der Boulevardpresse verlässt, um neue kirchliche Dokumente kennenzulernen, wird der Institution Kirche in ihren ernst gemeinten Sorgen und Initiativen nicht gerecht. Wer verschiedene Dokumente prüft, entdeckt unterschiedliche Nuancen, die durchaus auch eine Entwicklung in offiziellen kirchlichen Aussagen belegen. Einige solche Aussagen und Dokumente haben wir im letzten Kapitel gesammelt.

Die eigene Betroffenheit und Kompetenz nutzen

Sexualerzieher/innen sind verpflichtet, sich vorerst mit ihrer eigenen Sexualität, ihrer Geschlechtsidentität, ihrer sexuellen Orientierung, ihrer Lebensgeschichte und ihren Liebeserfahrungen auseinanderzusetzen – behutsam und liebevoll, aber auch offen und ehrlich. Wer dies ablehnt, geht das unzulässige Risiko ein, eigene (unbewusste) Emotionen auf andere zu übertragen, negative Haltungen und Einstellungen (ungewollt) weiterzureichen, wichtige Anfragen (unbemerkt) zu überhören oder als persönliche Provokation zu missdeuten.

Wir wissen darum, dass Menschen, die einander begegnen, sich gewollt und ungewollt, bewusst und unbewusst affektiv und sexuell »ansprechen« und bewegen. Als Pädagogen und Erzieher sollten wir uns eingestehen, dass dies auch gilt für das Miteinander von Erwachsenen und Jugendlichen, von Lehrern und Schülern. Sympathie und Freundschaft, Zuneigung und gegenseitige Anerkennung sind wichtige und motivierende Faktoren des erzieherischen Engagements. Allerdings, um sich selbst und auch die Jugendlichen zu schützen, gilt die Verpflichtung, affektive und sexuelle Grenzen abzustecken und gewissenhaft zu beachten. Es ist sehr hilfreich, wenn in einem Lehrer- oder Erzieherteam das nötige Vertrauensklima herrscht, um auch solche Fragen miteinander offen angehen zu können.

Sexualerzieher/innen sind immer wieder neu gefordert in ihrer eigenen Liebes- und Sexualkompetenz. Wer sich dieser Aufgabe liebevoll und mit Humor stellt, entdeckt nicht nur manche Defizite oder Barrieren, er oder sie entdeckt auch wahre Schätze. Wer um beides weiß, gewinnt viel an Autorität und Glaubwürdigkeit. Er oder sie hat es nicht nötig, den Schülern etwas vorzumachen. Er oder sie darf sich zeigen mit Schwächen und Stärken, mit Grenzen und mit Ressourcen. Das wünschen wir unseren Leserinnen und Lesern – es ist die beste Voraussetzung, um als Liebesboten bei Jugendlichen gut anzukommen.

77 Fragen zu Liebe, Sex und mehr

Es war uns wichtig, beim Planen und Verfassen unseres Buches von den Fragen und Anliegen Jugendlicher auszugehen. Zwischen März und Juli 2004 haben wir uns in unterschiedliche Schulklassen und Internatsgruppen für jeweils zwei bis drei Stunden einladen lassen. Wir sind in dieser Zeit rund 150 Mädchen und Jungen zwischen 14 und 18 Jahren begegnet. Sehr anregend waren für uns das hohe Interesse der Jugendlichen, ihre gezielten Fragen sowie ihr Austausch mit uns und untereinander.

Wir haben in jeder Gruppe unser Vorhaben erklärt und die Jugendlichen um ihre Mitarbeit gebeten: »Schreibt uns bitte die Fragen auf, die eurer Ansicht nach Jugendliche heute beim Thema Sexualität und Liebe beschäftigen!« Viele der so gesammelten Fragen, die mehrfach und in unterschiedlicher Form gestellt wurden, werden hier – nach Themen geordnet – nur einmal aufgelistet.

Wir bedanken uns bei allen Mädchen und Jungen, die ganz spontan mitgemacht haben, die uns in großer Offenheit Fragen anvertraut haben, die sie in ihrem Umfeld (und sicher auch bei sich selbst) wahrnehmen. Viele Fragen mögen überraschen. Manche belegen deutlich fehlendes Wissen oder mangelndes Selbstvertrauen. Wir sind besonders dankbar für diese Fragen. Sie fordern uns auf, umfassend, einfach und offen zu antworten.

Lehrer/innen, Erzieher/innen, Katecheten/innen, Gruppenleiter/innen und auch Eltern laden wir ein, Fragen ihrer Jugendlichen zu sammeln und sich ihnen respektvoll zu stellen. Jugendliche bitten wir, selbst offen die Fragen zu formulieren, die sie beschäftigen, und sie im Austausch mit anderen ins Gespräch zu bringen.

Mädchen und Jungen

Haben Jungs und Mädchen die gleichen Erwartungen (im selben Alter)?
Woran liegt es, dass Mädchen weiter entwickelt sind als Jungs?
Warum verursacht die Periode Schmerzen?
Tipps gegen Menstruationsbeschwerden?
Hygiene während der Periode?
Frauenarzt: ab wann? Was geschieht dort?
Hilft Sex gegen Pickel?

Liebe und Partnerschaft

Was ist Liebe?
Liebe auf Distanz: Kann das gehen?
Hat Sex was mit Liebe zu tun? Kann man Sex und Liebe trennen?
Wie merkt man, dass man richtig verliebt ist?
Warum fällt es vielen Jugendlichen schwer, ihre Gefühle in der Öffentlichkeit auszudrücken?
Wie bekomme ich eine Freundin? Wie bekomme ich einen Freund?
Warum ziehen Jungen immer die schlanken Mädchen vor?
Spielt der Altersunterschied zwischen zwei Partnern eine große Rolle?
Warum prahlen Jungs mit ihren sexuellen Erfahrungen?

Das erste Mal

Ab wann kann man, vom Körper her gesehen, Sex haben?
Wie weiß man, dass man fürs erste Mal bereit ist?
Tut es beim ersten Mal immer weh? Warum?
Inwiefern beeinflusst das erste Mal das restliche Sexualleben?
Wie kommt es, dass Frauen beim ersten Mal nichts empfinden? Selbst wenn sie es selber möchten und ihren Partner mögen?

Wenn man mit einem Jungen geschlafen hat, muss man dann zum Frauenarzt gehen?

Wie geht man um mit Gruppenzwang? Muss man sich schämen, wenn man noch nicht so weit ist?

Sexuelle Verhaltensweisen

Was bedeutet der Begriff Petting?

Warum drängen die Jungs immer zum Sex?

Warum lecken Jungen Mädchen unten? Und auch umgekehrt?

Was ist, wenn der Junge am Mädchen fingert, ist sie dann keine Jungfrau mehr?

Was heißt blasen?

Wann ist man eine Bombe, wann eine Null im Bett?

Wie fühlt sich ein Orgasmus an?

Warum kriegen Männer schneller einen Orgasmus als Frauen?

Kommt es wirklich auf die Länge des Penis an?

Was ist anregender: ein Zweier oder ein Dreier im Bett?

Warum stehen Leute auf Gruppensex?

Wo liegt der Unterschied zwischen normalem Sex, Analsex und Oralsex?

Warum suchen verheiratete Männer sexuelle Kontakte zu anderen Frauen? Besonders zu jungen Frauen?

Für welche Art von Beziehung sind Männer vom biologischen Standpunkt her gedacht: Polygamie oder Monogamie?

Was sind Nymphomanen? Wie wird man dazu?

Kann man ein glückliches Leben ohne Sexualität führen?

Selbstbefriedigung

Kann Masturbation schädlich sein? Impotent machen?

Wo ist der Unterschied im Gefühl, wenn man sich selbst befriedigt oder Sex mit einem anderen hat?

Was passiert, wenn man sich z.B. mit dem Bein einer Barbie-Puppe masturbiert? Kann man dabei das Jungfernhäutchen zerstören?

Verhütung

Welche Methoden sind am besten zur Verhütung? Welche nicht?

Warum denken Jungs immer, dass Verhütung nur die Mädchen betrifft?

Warum wollen manche Männer Geschlechtsverkehr ohne Präservativ?

Was passiert, wenn das Kondom platzt?

Wie benutzen die Jungen ein Kondom? Müssen sie es über ihre Hoden ziehen?

Wenn man mit einem Jungen geschlafen hat, muss man dann die Antibabypille nehmen?

Ab welchem Alter kann man sich die Pille ohne Erlaubnis der Eltern verschreiben lassen?

Was tun, wenn man die Pille einmal vergisst?

Ist es schädlich, »die Pille danach« regelmäßig zu nehmen?

Schwangerschaft

Was sind die ersten Anzeichen einer Schwangerschaft?

Kann man auch ohne Geschlechtsverkehr schwanger werden?

Wenn man einem Jungen einen bläst und den Samen schluckt, kann man dann schwanger werden?

Kann man vor der Periode schwanger werden?

Wo findet eine Jugendliche Hilfe, wenn sie ungewollt schwanger ist?

Warum fällt es vielen Eltern schwer zu akzeptieren, wenn ihr Kind früh schwanger wird?

Homosexualität

Woran merkt man, dass man homosexuell ist?

Ab wann stehen Schwule auf Männer? Hatten sie selbst eine schwere Kindheit?

Ist Homosexualität eine Krankheit?

Wann weiß man, dass man homosexuell ist?

Wie funktioniert homosexueller Geschlechtsverkehr?

Wie soll man reagieren, wenn ein Freund einem mitteilt, dass er schwul ist?

Warum dürfen Homosexuelle keine Kinder adoptieren?

Sexuelle Abweichungen

Was heißt pervers?

Ist Liebe zwischen Geschwistern verboten?

Was ist Sado-Maso? Warum stehen Jugendliche darauf?

Warum haben Männer Fetischismus-Objekte?

Sexuell übertragbare Krankheiten

Welche Geschlechtskrankheiten gibt es?

Wie kann man sich dagegen schützen?

Kann man auch durch Oralsex Geschlechtskrankheiten bekommen?

Besteht ein AIDS-Risiko bei Oralverkehr?

Warum wird AIDS sofort mit Homosexualität in Verbindung gebracht?

Sexuelle Gewalt

Wie kann man sich vor Sexualverbrechern schützen?

Warum gibt es ältere Leute, die kleine Kinder belästigen (Pädophilie)?

Wie kann es dazu kommen, dass ein Vater sein eigenes Kind vergewaltigt?

Wie häufig ist Pädophilie in den Schulen?

Was es ist

Es ist Unsinn
sagt die Vernunft
Es ist was es ist
sagt die Liebe

Es ist Unglück
sagt die Berechnung
Es ist nichts als Schmerz
sagt die Angst
Es ist aussichtslos
sagt die Einsicht
Es ist was es ist
sagt die Liebe

Es ist lächerlich
sagt der Stolz
Es ist leichtsinnig
sagt die Vorsicht
Es ist unmöglich
sagt die Erfahrung
Es ist was es ist
sagt die Liebe

Erich Fried

Die psychosexuelle
Entwicklung
in der Kindheit

Dieses Kapitel über die psychosexuelle Entwicklung ist uns – den Autoren – aus mehreren Gründen wichtig und lieb.

Zum einen illustriert es in beredter Art wesentliche Anliegen dieses Buches:

- Wir Menschen verdanken unser Leben der Liebesgeschichte unserer Eltern. Zum anderen sind wir selber berufen, eine neue – unsere eigene – Liebesgeschichte zu gestalten.
- Unsere ersten »Liebhaber« sind unsere Eltern. Und doch werden wir in der Liebe nur glückliche Menschen, wenn wir es schaffen, Vater und Mutter zu verlassen. Der Auszug aus der Familie kann allerdings nur gelingen, wenn Eltern ihn auch zulassen und sich nicht an ihre Jugendlichen klammern.
- Unsere Kindheit und Jugend ist ein spannender Reifungsprozess, bei dem wir wesentliche Lebens- und Liebeskompetenzen erwerben. Jeder Schritt allerdings ist gekoppelt an neue schmerzliche Erfahrungen oder Krisenmomente: Enttäuschungen, Verluste, Ängste, Zweifel, Unsicherheit ... Nur wer es schafft, alte und lieb gewonnene Hüllen abzustreifen, nur wer den Mut aufbringt, immer wieder

zu neuen Horizonten aufzubrechen, hat die Chance zu wachsen. Ältere wissen, dass dies nicht nur für die Zeit der Kindheit und Jugend zutrifft.

Die familiale »Liebesgeschichte« mit Eltern und Geschwistern ist für jedes Kind das prägende Moment seiner Liebes- und Sexualerziehung. Sie geschieht implizit (meistens unbewusst und oft ohne Worte) und doch wird sie zum tragenden (oder auch brüchigen) Fundament jeder weiteren Entwicklung. Insofern ist dieses Kapitel der unverzichtbare Eckstein jedes Elternseminars zu diesem Thema.

Unserer Erfahrung mit Jugendlichen nach ist die psychosexuelle Entwicklung ein wertvoller Einstieg ins Gespräch über Liebe und Sexualität. Guten Erzähler/innen gelingt es spielend, mit dieser spannenden Geschichte ihre Jugendlichen zu fesseln. Dabei schaffen sie die notwendige Atmosphäre für einen offenen und wahrhaftigen Austausch, sie bauen Hemmungen ab und bestimmen den Sprachstil.

Vertrauen

Die erste Lebensphase, die hier beschrieben wird, ist die Zeit zwischen der Geburt und etwa 1½ Jahren. Noch wissen wir zu wenig über die Wochen vor der Geburt. Sicher ist: Auch diese Zeit prägt das Baby. Das Wohlergehen der Mutter hat positive Auswirkungen auf seine körperliche und seelische Entwicklung. Das Ungeborene reagiert auf die Initiativen seiner Eltern, mit ihm in Kontakt zu treten: es im Schoß der Mutter ertasten, sein Strampeln erwidern, für es Musik auflegen, mit ihm sprechen ...

Es gibt noch immer Erwachsene, die meinen, es lohne nicht, sich mit Babys abzugeben. Die reagierten ohnehin nicht und vor dem vierten bis fünften Lebensjahr laufe da kaum etwas! Seit langem wissen wir, wie falsch solche Thesen sind. Die ersten Monate sind im Leben eines Menschen besonders prägend.

Richtig ist, dass menschliche Babys nach der Geburt vollkommen abhängig sind, angewiesen bleiben auf eine beständige Pflege von außen: Nahrung, Sicherheit, Schlaf, Bewegung, Sauberkeit, Zuwendung, Geborgenheit. Babys brauchen andere, die für sie sorgen. Diesen sind sie hilflos ausgeliefert.

Auch in dieser frühen Zeit verlangt das Baby nach Kommunikation. Richtig – kann es nicht denken, nicht abstrahieren, nicht planen, vor allem kann es nicht sprechen. Und doch verfügt es über reiche und feinfühlige Antennen. Über die sensibel reagierende Haut erfährt das Baby Zuwendung, Zuneigung und Wertschätzung. Besonders die Mundgegend ist sehr empfindsam. Das Saugen schenkt nicht nur Nahrung, sondern vermittelt wohlige und lustvolle Erlebnisse, vermittelt Sicherheit und Gelassenheit.

Eine wichtige Rolle spielt der bereits gut entwickelte Geruchssinn. Das Baby erkennt seine Nächsten an ihrem Körpergeruch. Wahrscheinlich spielte der Geruchssinn bei unseren Vorfahren auch im späteren Leben eine wichtige Rolle, nicht zuletzt auch im Liebesspiel. In unserer heutigen Gesellschaft tragen eine stark ausgeprägte Körperhygiene sowie der Gebrauch vieler Kosmetika dazu bei, individuelle Körpergerüche zu verdrängen.

Wenn das Baby auch einzelne Wörter oder Sätze nicht versteht, so reagiert es feinfühlig auf den Tonfall und die Lautstärke. Wie wir alle wissen, sind diese ohnehin meist wahrhaftiger als die gewählten Worte. Sie vermitteln – oft ohne dass der Sprecher dies erkennt – seine eigentlichen Anliegen, Gefühle, Wünsche oder auch Sorgen und Spannungen. Erwachsene kann man belügen. Bei Babys, bei verwirrten alten Menschen, bei Behinderten sowie übrigens auch beim Familienhund gelingt dies nicht.

Wenn das Baby Antworten findet auf seine Bedürfnisse, wenn seine Nächsten – in aller Regel Mutter und Vater – seinen Ansprüchen Rechnung tragen, dann entwickelt es einen kostbaren Lebensschatz, eine tief in seinem Innern verankerte Lebensbejahung: »Mein Leben ist wertvoll. Mein Leben hat Sinn. Ich bin einzigartig und unverwechselbar. Es ist gut, dass es mich gibt!« Die Psychologen sprechen dabei vom Urvertrauen.

Nicht alle Babys machen diese positive Erfahrung. Viele werden vernachlässigt, sind schlecht versorgt, bleiben über lange Stunden sich selbst überlassen. Sie haben niemanden, der sie in die Arme nimmt und liebkost, der sie wiegt, ihnen Lieder vorsingt und ihnen sagt, was für tolle kleine Wesen sie sind. Die kleine Menschenseele verarmt frühzeitig und in ihr wachsen Misstrauen, Abkapslung und Verneinung.

Der kleine Mensch bleibt ganz selbstverständlich auf seine Eltern hin ausgerichtet. An die Stelle der Eltern können aber auch andere Menschen treten, die sich um das Baby liebevoll kümmern. Hierzu zählen Geschwister, Großeltern, Pflegeeltern und sicherlich auch ungezählte Erzieherinnen und Erzieher.

Das Baby ist ein passiver Liebhaber. Es fühlt sich beglückt, wenn es sich anschmiegen und in den Armen der Mutter mit ihr gewissermaßen verschmelzen darf. Dass das nicht nur eine Vorliebe von Babys ist, das erfahren viele Liebende, die in ihren Liebkosungen ineinander aufgehen und sich danach sehnen, miteinander eins zu sein. Psychologen greifen auf die griechische Übersetzung des Wortes »verschmelzen« zurück und reden von der symbiotischen Liebe.

Frei sein und Wollen

Ab dem 1. Lebensjahr lernt das Kleinkind nach und nach, seine Muskeln zu koordinieren. Damit werden kostbare Lernschritte möglich: festhalten und loslassen, greifen und wegschmeißen – sich selbst fortbewegen, krabbeln, kriechen, gehen, kommen und weggehen – seine Schließmuskeln kontrollieren, sauber und unsauber sein – Worte artikulieren, reden und schweigen.

Seine neuen Kompetenzen erlauben es dem Kleinkind, unabhängig zu handeln. Sein Wollen, seine Lust und Laune werden zum Handlungsmaßstab. Dies ist eine tolle Erfahrung, die dem Ichgefühl neue Horizonte eröffnet. Häufig nennen Erwachsene diese Zeit Trotzphase, weil das Kind sich ihnen widersetzt.

Kleinkinder, die ihr Wollen entwickeln dürfen und kanalisieren lernen, erarbeiten sich einen zweiten Lebensschatz. Sie wissen um ihre Eigenart, können Bedürfnisse wahrnehmen, anmelden und durchsetzen. Sie vermögen es aber auch, Wünsche zurückzustellen und Ansprüche anderer mit einzubeziehen.

Dort wo dieses Ziel verpasst ist, wachsen Scham, Zweifel, Unterlegenheit, Willkür, Sturheit oder Herrschsucht in der Seele des Kindes.

Der zweijährige Liebhaber ist ein feuriger Eroberer, der mal stürmisch vereinnahmt, sich mal grundlos entzieht. Liebespartner bleiben beide Eltern sowie nahe Verwandte.

Eltern müssen in dieser Altersphase lernen, ihre Kinder affektiv auch loslassen zu können. Nicht alle Mütter und Väter schaffen dies. Sie entwickeln dabei Verhaltensmuster, die die Entwicklung des Kindes gefährden:

- Sie erkaufen sich die Liebe des Kindes, indem sie es maßlos verwöhnen und ihm nichts abschlagen. Das Kind lernt dabei, seine Eltern affektiv zu erpressen: »Wenn ihr möchtet, dass ich euch liebe, dann ...!«
- Sie brechen den Willen des Kindes mit Argumenten wie: »Wenn du mich lieb hast, dann kannst du nicht ...!« Den Einsatz solcher Druckmittel nennt man affektive Erpressung.
- Sie fordern dem Kind Zärtlichkeitsbeweise ab, vor denen es sich möglicherweise ekelt: z.B. sich vom alten Onkel auf den Mund küssen lassen.
- Sie binden das zwei- bis dreijährige Kind in ihr eigenes Liebesspiel mit ein.
- Sie vergreifen sich sexuell am Kind.

Solche Übergriffe sind nie »harmlos«. Sie verletzen das Kind seelisch und unter Umständen auch körperlich. Sie bedingen häufig, dass das Kind auch später als Jugendlicher oder Erwachsener dieselben neurotischen Verhaltensmuster übernimmt. Eine psychologische Beratung kann dann sehr hilfreich sein.

Wer seine Kinder schützen will, tut gut daran, ihren »kleinen« Willen sehr ernst zu nehmen und behutsam zu fördern: Du darfst deine Gefühle offen äußern. – Du hast das Recht, Ja und Nein zu sagen. – Schmusen ist toll, aber nur wenn du willst. – Schlechte Geheimnisse sollst du erzählen. – Du bist nicht schuld, wenn erwachsene Menschen dir Böses antun.

Spätestens ab dem zweiten Lebensjahr spielen Geschwister eine wichtige Rolle. Im Umgang mit ihnen lernen Kinder spielen, streiten, teilen, sich durchsetzen, Kompromisse schließen, sich gegen die Eltern verbünden. Geschwister sind gleichzeitig Kumpel und Rivalen.

Mädchen sein – Junge sein

Um das 3. bis 4. Lebensjahr beginnt das Kind, sich intensiv mit seinen Geschlechtsunterschieden auseinanderzusetzen. Es weiß seit langem um diese Unterschiede und erkennt sich als weiblich oder männlich. In dieser Zeit nun stellt sich ihm die Frage über Sinn und Bedeutung der Unterschiede. Warum sind Frauen und Männer anders? Welche Risiken und Perspektiven sind an das Anderssein gekoppelt? Welche Vor- und Nachteile? Ist es vorteilhafter, Frau oder Mann zu sein? Kann sich das noch verändern? Was geschieht, wenn man weiterwächst?

DER DREIJÄHRIGE DANIEL wollte von der Mutter wissen, ob er wie die große Schwester später einen Busen bekomme und Stöckelschuhe trage. Die vierjährige Ute überprüfte jeden Tag, ob ihr ein Penis wachse und sie endlich zum Jungen werde. Georg hingegen hatte große Angst, der Onkel Doktor würde ihm das Glied wegschneiden und ihn so zur Strafe für Unartigkeit zum Mädchen machen.

Es ist ein wichtiger Gewinn, sein Geschlecht positiv anzunehmen. Es ist dies ein wesentlicher Bestandteil unserer Identität. Es stärkt wesentlich unser Selbstwertgefühl – das Wissen, dass man einzigartig, unersetzbar und kostbar ist.

Voraussetzung dafür ist die offene Haltung der Eltern, die ihre Kinder als Mädchen oder Jungen rückhaltlos annehmen und bestätigen. Wenn die Eltern sich insgeheim wünschen, das Mädchen sei ein Junge oder umgekehrt, dann hat das Kind es schwer, sein Geschlecht positiv anzunehmen. Gleiches gilt für ein Mädchen, dessen Vater die Mutter abwertet und demütigt. Auch sind Eltern mit negativen Ich-Gefühlen nur wenig hilfreich. Gleiches gilt für Väter, die erst beim zehnten Bier mit lauten Kumpels zu »echten Männern« werden, oder für Frauen, die sich beständig wehleidig bemitleiden.

Die Phase um 3 bis 5 Jahre ist die Zeit der ersten großen Verliebtheit. Das Kind verliebt sich heftig in den Elternteil des anderen Geschlechts: das Mädchen in seinen Vater, der Junge in seine Mutter. Die kleinen Liebhaber sind feurig begeistert und eifersüchtig, lassen sich zu großen Liebeserklärungen hinreißen. »Wenn ich groß bin, werde ich dich heiraten!« Ungeduldig wartet man, bis der Rivale (der andere Elternteil) weg ist, um dessen warmen Platz im Bett neben der Mutter oder dem Vater zu ergattern.

In aller Regel holt sich das Kind trotz seines verführerischen Charmes eine Abfuhr. Liebevolle Eltern gehen dabei sehr behutsam vor: »Ich habe dich sehr lieb. Aber ich liebe doch bereits Mama (Papa). Wenn du erst groß bist, dann findest auch du einen tollen Partner!« So wird der anstehende Liebeskummer nicht verhindert, aber die Botschaft vermittelt doch gute Perspektiven: Ich liebe dich so, wie Eltern ihre Kinder lieben. Ich will, kann und darf nicht dein Liebhaber sein. Du wirst eines Tages bei mir ausziehen, deine eigene Liebesgeschichte gestalten und vielleicht eine eigene Familie gründen.

DIE FÜNFJÄHRIGE ANNE war eine mitreißende »Liebhaberin«. Sie stürmte auf ihren Vater zu, schlang beide Arme um ihn, küsste ihn leidenschaftlich und flüsterte ihm zu: »Du bist mein Bester!«

Väter und Mütter, die die Liebesinitiativen ihrer Kinder schroff ablehnen, sie darin demütigen und verletzen, zerstören eine frohe Lebensperspektive: »Ich bin liebenswert. Ich darf Liebesschritte auf andere zu tun. Zärtlichkeit ist ein prickelndes Abenteuer!«

Manchmal scheint das Angebot ihrer kleinen Liebhaber Eltern verlockend. Dies ist vor allem dann der Fall, wenn sie selbst einsam, verlassen, gedemütigt oder verletzt sind. Sie binden das Kind affektiv fest an sich. Daraus resultiert eine letztlich negative gegenseitige psychische Abhängigkeit. Man kann ohne den anderen nicht sein. Für das Kind, besonders im Jugendalter, wird der Vater oder die Mutter zur affektiven Fessel. Diese gefährdet spätere Partnerschaften. Menschen mit einer übergroßen Bindung an Vater oder Mutter sind häufig wenig zuverlässige Partner. Wenn Spannungen oder Konflikte entstehen, reißen sie aus und flüchten in den »sicheren Hafen« ihrer Elternfamilie. Dort werden sie dann in aller Regel mit offenen Armen aufgenommen. Solche Kinder werden nie richtig erwachsen – auch nicht mit 30, 40 oder 50.

Aus der eigenen Familiengeschichte heraus wissen wir, dass unsere »erste große Liebe« Spuren hinterlässt. Häufig genug bleiben die Mädchen Vaters Lieblinge, die sich bei ihm manches leisten dürfen. Gleiches gilt für Mütter und Söhne. Jeder Pfleger weiß, dass es der neunzigjährigen Dame im Pflegeheim weitaus besser geht an den Tagen, wo der Lieblingssohn zu Besuch kommt.

Leistungen schaffen

Das Kind greift mit 5 bis 6 Jahren auf eine neue Liebesstrategie zurück. Für den kleinen Jungen ist die Liebe zur Mutter aussichtslos. Nun will er werden wie sein erfolgreicher Rivale, sein Vater: genauso groß, stark, schön, gescheit, geschickt ... Und dann wird er sich eine Frau wählen können wie Mutter. Das Mädchen seinerseits »verzichtet« auf den Vater, um vorerst zu werden wie ihre Mutter.

Die Eltern bleiben für das Kind in dieser Altersstufe die maßgeblichen »Liebespartner«. Sie werden zwischen 5 bis 6 und 10 bis 12 Jahren die nachahmenswerten Vorbilder, zu denen das Kind stolz emporschaut.

Werden wie – dies erfordert Leistungen: wachsen, attraktiv sein, Talente entwickeln, Aufgaben übernehmen, lernen, Verantwortung tragen ... Es ist sicher kein Zufall, dass in allen Kulturkreisen Kinder dieser Altersstufe eingeschult oder in berufliche Arbeit eingeführt werden.

Kinder, die ihren Talenten entsprechend gefordert und gefördert werden, sind erfolgreich. Sie haben einen reichen Gewinn: Kreativität, Schaffensfreude, Leistungskompetenz und soziale Anerkennung. Gewinn stärkt die Identität und das Selbstwertgefühl.

Häufig werden Kinder allerdings überfordert. Man verlangt ihnen Leistungen ab, die ihren realen Fähigkeiten nicht entsprechen. Somit werden sie vorschnell zu einsamen Verlierern, die unter Umständen im Klassenzimmer verspottet und ausgesondert werden. Dies passiert besonders dann, wenn als Leistungsbeweis lediglich Schulnoten anerkannt werden. In sehr vielen Schulen dieser Welt gelten nur intellektuelle Kompetenzen. Wichtige soziale Talente wie Geschicklichkeit, Gesprächsbereitschaft, Ehrlichkeit, Fairness, Einfühlsamkeit, Solidarität oder Ausdauer werden nie benotet.

Für schlechte Schulnoten werden Kinder von den Eltern häufig getadelt. Es ist dann wichtig, dass dieselben Kinder gelobt werden für ihre außerschulischen Leistungen: der Siebenjährige, der täglich ohne zu murren die Spülmaschine einräumt; die Achtjährige, die mit viel Geschick am Abend auf den kleinen Bruder aufpasst; der Neunjährige, auf den man im

Fußballteam nicht verzichten möchte; die Zehnjährige, die Mitglied der Jugendfeuerwehr wurde, um Menschen in Not zu helfen.

Kinder ohne Erfolgserlebnisse, überforderte Kinder, Kinder, deren Leistungen nicht gesehen und nicht anerkannt werden, fühlen sich unterlegen und entwickeln Minderwertigkeitsgefühle. Manchmal »lernen« sie, dass sie Unfug veranstalten müssen, damit Lehrer und Eltern sie überhaupt wahrnehmen und sich mit ihnen auseinandersetzen. Dabei gilt das Prinzip: Besser negativ auffallen als ignoriert zu werden.

Unsere Leistungskompetenz ist sicher ein wertvoller Schatz. Sie trägt dazu bei, dass wir attraktiv, charmant und liebenswert sind. Trotzdem darf man sie nicht überbewerten. Die Botschaft wäre letztlich sehr unmenschlich: »Ich mag dich nur deiner Leistungen wegen. Ich liebe deine Arbeit, dein Vermögen, dein Geld ...« Kinder, die sich jede Liebe verdienen müssen, werden vorzeitig zu »Workaholics«.

Eigentlich haben wir als Kinder das Glück, in unseren Familien sehr unterschiedliche Arten von Liebe erfahren zu können:

- Die *fürsorgliche Liebe*, besonders seitens der Mutter (vielleicht auch Vater, Großeltern, ältere Geschwister); die Mutter will unser Bestes, ist immer wieder bereit, sich hierfür zu engagieren; sie schenkt Hilfe, aber vor allem auch Zuwendung und Trost; bei ihr dürfen wir uns »schwach« zeigen, ohne uns auszuliefern.
- Die *aufregende Liebe*, besonders seitens des andersgeschlechtlichen Elternteils (für das Mädchen: der Vater, sicher auch Großväter, Patenonkel, große Brüder oder ältere Vetter ...). Dabei geht es schon auch um das spielerische Kokettieren. Aber es werden strenge Regeln gesetzt, die zugleich auch eine große emotionale Sicherheit vermitteln: »Wir bleiben in einer Eltern-Kind-Beziehung!«
- Die *fordernde und bewundernde Liebe*, besonders seitens des gleichgeschlechtlichen Elternteils (für das Mädchen: die Mutter, aber auch Großmütter, Tanten, ältere Schwestern und Cousinen ...).

Die Botschaft lautet: »Zeig, was du kannst! Ich mag dich und bin stolz auf dich!«

● Die *rivalisierende und solidarische Liebe* unter Schwestern und Brüdern.

Zu sich selbst finden

Um das Alter von 12 Jahren beginnt der Körper des Kindes sich spektakulär zu verändern: Rumpf, Arme und Beine wachsen; die äußeren Geschlechtsmerkmale entwickeln sich: Brüste und Hüften bei den Mädchen, Schultern, Bart und Stimmbruch bei den Jungen; Achselhaare und Haare um die Geschlechtsteile; Körpergeruch ...; die Geschlechtsorgane entwickeln sich und werden aktiv: erster Monatszyklus, erste Monatsblutung, Eisprung beim Mädchen, häufigere Erektion, Samenbildung und Samenerguss beim Jungen.

Nicht nur der Körper verändert sich. Gleiches gilt auch auf der Ebene der Bedürfnisse und Träume. Dabei spielen auch sexuelle und erotische Wünsche eine wichtige Rolle. Viele Jugendliche sind hin- und hergerissen zwischen Wünschen und Verboten, Mut und Angst, Initiative und Zweifel, Begehren und Scham.

Unsicherheit, Zweifel, Angst sind das vorerst bestimmende Motiv der inneren Welt. Die meisten Jugendlichen verstehen es, dies mehr oder weniger geschickt zu überspielen. Die Strategien hierbei sind vielseitig: Angeberei, aggressiver Umgangston, Alkohol- und Drogenkonsum, Rangeleien und Streit, übermäßiges Anpassen an die Gruppe, hartes Schuften, Flucht in virtuelle Welten (TV, Video, Chatten, Surfen ...), Tagträumerei, Rückzug ...

In der Zeit der Pubertät und der Adoleszenz geht es nochmals um einen wichtigen Lebensschatz: zu sich selbst finden, seine ureigene Identität entwickeln, sich selber mögen, um seine Kräfte wissen und diese einsetzen, seine Grenzen annehmen, sich fordern lassen, ruhen und entspannen können, sich freuen, trauern dürfen, genießen, Einsamkeit aushalten ...

Nur wer Selbstliebe pflegt, ist fähig, auch andere zu lieben, Freund-schaften zu schließen, sich großzügig im Interesse anderer zu engagie-ren, kreativ zu arbeiten, sich für Werte und Ideale einzusetzen.

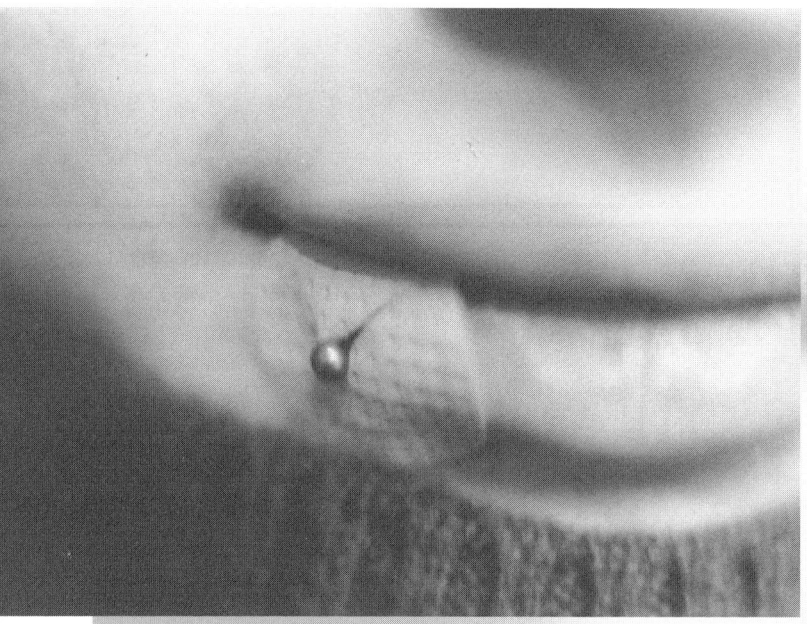

Die Beziehung zu den Eltern wird in dieser Zeit sehr zwiespältig. Der Ju-gendliche kann nur zu sich selbst finden, wenn er auf Distanz zu den El-tern geht: Der Weg zum eigenen Ich erfordert Schritte der Loslösung und der Abnabelung.

Der Jugendliche greift auf viele Wege zurück, um dies nach und nach zu er-reichen: andere Musik hören, elterliche Zärtlichkeiten ablehnen, die In-timsphäre pflegen, das Bad abschließen, ein geheimes Tagebuch führen, bei Sonntagsausflügen nicht mehr mitmachen, provozierende Frisur, Pier-cing, gegen die Familienregeln verstoßen, aufmüpfig reden, sich besaufen, jedes Strebertum konsequent ablehnen, die Clique gegen die Familie aus-spielen, sich einen neuen Slang angewöhnen, den Vater auf die Palme brin-gen, der Mutter den letzten Nerv töten, selber »mega-cool« reagieren ...

Das Repertoire ist schier unerschöpflich und Jugendliche aller Generationen haben es kreativ ausgeweitet. Für 6- bis 8-jährige Kinder sind die Eltern noch bewundernswerte Stars, ja fast verehrungswürdige Halbgötter. In den Augen der 13- bis 14-Jährigen werden sie zu Antihelden: »Bloß ja nicht sein wie meine Alten!«

Und doch bleiben Jugendliche auf ihre Eltern angewiesen. Teilweise hat dies rein materielle Gründe: Nahrung, Wohnung, Kleider, Schule, Taschengeld. Zum anderen bleiben die Eltern häufig wichtige Ansprechpartner: zuhören, trösten, raten, Grenzen setzen, schützen, orientieren ...

Vermehrt kommt es in den Familien zu emotionsgeladenen und manchmal heftigen Auseinandersetzungen. Diese sind für alle Parteien schmerzlich: Der Vater ist wütend, die Mutter weint, die Tochter schließt sich ein und brütet vor sich hin, der Sohn ballt die Fäuste und knallt die Türen. Das Gefühlsbild ist oft düster: Wut, Angst, Unsicherheit, Kummer. Diese Situation hat durchaus ihre positiven Seiten. Sie belegt, dass hier Menschen zusammenleben, die einander nicht gleichgültig sind, die warme Bindungen miteinander pflegen, die einander neu suchen, die mühevoll daran arbeiten, Familiennetze neu zu knüpfen.

Natürlich bedürfen familiale Ausbrüche einer gelassenen Klärung. Gefühle müssen in Ruhe ausgesprochen und angehört werden. Dies erfordert seitens der Eltern und der Jugendlichen etwas Einsicht und ein Quäntchen Humor – die Gabe, über ernste Dinge und vor allem über sich selbst auch lachen zu können.

Die Eltern werden, wie gesagt, aus der Vorbildrolle entlassen. Wer nun zu sich selbst findet, sollte eigentlich auf Stars, Helden, Halbgötter und andere Gurus verzichten können. Der junge Jugendliche ist vorerst stark hin- und hergerissen zwischen seinen Idealvorstellungen und seiner Selbsteinschätzung. Bei seinen Idealen ist er recht kompromisslos und legt die Latte sehr hoch an – so hoch, dass er sich selbst heillos überfordert. Bei der Selbsteinschätzung hingegen ist er meist weitaus zu pessimistisch, traut sich kaum was zu, schätzt sich viel negativer ein, als er wirklich ist.

Der häufig gewählte Ausweg aus diesem Dilemma ist wohl sehr menschlich, aber leider auch trügerisch. Der Jugendliche überträgt seine

Ideale auf einen anderen Menschen, den er bewundern kann: Lehrerin, Sporttrainer, Nachbar, Freund, Freundin, Clique ... Er delegiert seine persönlichen Träume: »Sei du für mich charmant, attraktiv, intelligent, selbstbewusst und froh!« Dabei macht er das bewunderte Gegenüber zum Idol. Er sieht es nicht so, wie es wirklich ist, sondern so, wie er sich haben möchte. Der Betrug ist doppelt: Der Jugendliche wird sich nicht gerecht und drängt das Gegenüber in eine Rolle, die dieses in aller Regel nicht spielen möchte.

Das Resultat ist entsprechend. Nach einer hohen anfänglichen Begeisterung zeigt sich der Jugendliche rasch enttäuscht: »Du bist ja ganz anders.« – »Der ist doch genauso ein Langweiler wie mein Vater!« – » Die kann mich mal!«

Ältere Jugendliche haben es nicht mehr nötig, andere Menschen zu idealisieren, um sie zu mögen und zu lieben. Ihr Blick auf sich selbst und auf andere wird realistischer. Sie schaffen es, Schwächen bei sich und anderen anzunehmen. Sie haben vielleicht noch Vorbilder, können aber gerne darauf verzichten, diese zu »vergöttern«.

Vater und Mutter zu verlassen erfordert sicher auch den materiellen Auszug und die Fähigkeit, seinen Alltag autonom zu gestalten. Wer die Mutter für die Wäsche und den Vater für das Essen beansprucht, wer nicht selbst seine Hemden bügeln und die Toilette reinigen kann, bleibt ein verhätscheltes Kind, das eigentlich noch ein bisschen Nachhilfe bräuchte, bevor es seine eigene Lebens- und Liebesgeschichte »schreiben« darf.

Die Pubertät

Das Wort Pubertät kommt aus dem Lateinischen und heißt Geschlechtsreife. Ein verwandter Begriff – die Adoleszenz – bedeutet Heranwachsen. Beide Begriffe meinen die Jugendzeit.

In der Lebensphase Jugend unterscheiden Experten heute drei unterschiedliche Etappen:

- Pubertät, etwa zwischen 10 und 15 Jahren: körperliche Veränderungen, biologisches Reifen
- Adoleszenz, etwa zwischen 14 und 18 Jahren: psychische Auswirkungen
- Postadoleszenz, etwa zwischen 18 und 25 bis 30 Jahren: Eingliederung in die Welt der Erwachsenen

In der Zeit der Pubertät »reift« der Körper: Glieder und Rumpf wachsen – von der Größe und den Formen seines Körpers her wird das Kind zum Erwachsenen; die Geschlechtsorgane entwickeln sich und nehmen ihre Funktion auf – der Körper ist bereit, Kinder zu zeugen.

Dieser Reifungsprozess wird gesteuert durch Hormone. Hormone übermitteln chemische Botschaften. Sie werden in unterschiedlichen Drüsen unseres Körpers gebildet und ins Blut abgesondert. Die Geschlechtshormone entstehen in den Eierstöcken und in den Hoden. Ab der Pubertät überwiegen beim Jungen die sogenannten männlichen Hormone (Androgene, besonders Testosteron); beim Mädchen sind es die sogenannten weiblichen Hormone (Östrogen und Progesteron). Doch kommen »männliche« und »weibliche« Hormone bei allen Menschen, Frauen und Männern, vor.

Der Beginn der Pubertät ist individuell sehr unterschiedlich. Eine Rolle dabei spielen das Geschlecht, die klimatischen Verhältnisse, die Ernährung, seelische Belastungen, aber auch kulturelle Aspekte (z.B. die Überfütterung mit erotischen Reizen durch die Werbung). Das Wachstum beginnt beim Jungen später als beim Mädchen und dauert auch länger. Insgesamt beginnt die Pubertät heute um ein bis zwei Jahre früher als noch vor fünfzig Jahren.

Als wichtiges Anzeichen der Pubertät gelten beim Mädchen das Einsetzen der Menstruation (Monatsblutung), beim Jungen der erste Samenerguss (Ejakulation, spontan im Schlaf oder durch Berührung). Das Durchschnittsalter für die erste Monatsblutung liegt zwischen 11 und 13 Jahren. Es kommt jedoch vor, dass ein Mädchen seine erste Regel schon mit 9 Jahren hat oder erst mit 16. Das heißt keineswegs, dass es »anormal« ist.

Die Geschlechtsreife betrifft primäre und sekundäre Geschlechtsorgane. Als primär gelten dabei alle Zeugungsorgane: Eierstöcke und Hoden, Gebärmutter, Prostata, Scheide und Glied. Achsel- und Geschlechtshaare, Brüste und breitere Hüften bei den Mädchen oder Stimmbruch und breitere Schultern bei den Jungen werden als sekundäre Geschlechtsorgane bezeichnet.

Körperliche Auswirkungen der Pubertät

Beim Mädchen – zwischen etwa 10 und 14 Jahren

Vergrößerung der Brüste

ein Prozess, der sich über etwa 3 Jahre erstreckt

Hervorstehen und dunklere Färbung der Brustwarzen

verschiedene Formen: platt (etwa 20 %), spitz (etwa 20 %), rund (etwa 60 %)

Entstehung der Drüsen, Milchproduktion aber erst nach der ersten Schwangerschaft

Wachstum der primären Geschlechtsorgane

Geschlechtslippen, Gebärmutter

Behaarung

Geschlechts- oder Schamhaare, zuerst glatt, dann gekräuselt
Form eines nach unten zeigenden Dreiecks, zum Nabel hin waagerecht abgegrenzt

Achselhaare, bilden sich 1 bis 2 Jahre später

Puberale Streckung

Wachsen der Glieder und des Rumpfes

Veränderung der Gesichtsform, das Gesicht ist runder als beim Jungen

Ausdehnung des Herzvolumens und der Verdauungsorgane

vermehrte Aktivität der Talg- und der Schweißdrüsen, dadurch bilden sich vermehrt Pickel; ausgeprägter Körpergeruch

breiteres Becken, die Hüften sind breiter als die Schultern

Hände und Füße bleiben kleiner und schmaler als bei den Jungen

Einlagerung von Fettgewebe

um Brüste, Schultern, Hüften und am Gesäß – runderes Aussehen

Erste Menstruation (erste Monatsblutung, Menarche)

normalerweise noch kein Eisprung bei der ersten Regel

bis zum Alter von 16 bis 18 Jahren ist der Menstruationszyklus häufig noch unregelmäßig

die Regel kann seelisch bedingt ausbleiben: Stress, Müdigkeit, Isolation

Beim Jungen – zwischen etwa 11 und 16 Jahren

Wachstum der primären Geschlechtsorgane

Ausdehnung der Hoden, der Prozess beansprucht etwa 4 Jahre

Wachstum von Glied (Penis), Hodensack, Samenbläschen, Prostata

Behaarung

Geschlechts- oder Schamhaare: zuerst glatt, dann gekräuselt

Form einer Raute, die zum Nabel hin ausläuft

Achselhaare, bilden sich 1 bis 2 Jahre später

Bart, zuerst als zarter Flaum

Brustbehaarung

Stimmbruch

Vergrößerung des Kehlkopfes (»Adamsapfel«) und Veränderung der Stimmbänder

Stimmbruch: vorübergehender Kontrollverlust, dann tiefere Stimme

Puberale Streckung

Glieder, Rumpf, Herz, Verdauungsorgane ...

längere und kantigere Gesichtsform

breitere Schultern als bei den Mädchen, größerer Brustumfang, größere Atmungskapazität

stärkere Muskeln an Armen, Beinen und Schultern

größere und breitere Hände und Füße

Erster Samenerguss (Ejakulation)

häufig spontane Ejakulation nachts im Schlaf (»nasser Traum«)

häufig vorerst ohne Samenzellen, nur Samenflüssigkeit

Pickel und Co

Als »Geißel« der Pubertät gelten die Pickel. Akne ist die häufigste Haut-erkrankung. Sie betrifft Menschen oft ab der Pubertät und bis etwa zum Alter von 30 bis 40 Jahren. Jungen sind dabei stärker betroffen als Mäd-chen. Unter dem Einfluss der Geschlechtshormone werden die Talgdrü-sen der Haut aktiviert. Sie produzieren vermehrt Hautfett. Wenn dieses nicht ausreichend ausgeschieden wird, staut es sich um die engen Aus-führungskanäle. Es bilden sich kleine weiße Knoten (Mitesser). Wenn sich das Hautfett abbaut, entstehen Säuren, die die Talgdrüsen reizen und entzünden. Dadurch bilden sich die typischen Pickel.

Tipps gegen Pickel

sich jeden Tag waschen oder duschen

milde und hautfreundliche Seifen gebrauchen

Pickel nicht selber ausdrücken

die Haut schützen vor zu viel Kälte, Wärme oder Sonnenlicht

auf fett- oder ölhaltige Kosmetika verzichten

sich regelmäßig bewegen

abwechslungsreich essen

wunde Pickel oder auch Pickelnarben durch den Arzt behandeln lassen

Seelische Auswirkungen der Pubertät

Die körperlichen Veränderungen sind spektakulär. Sie müssen selbstverständlich auch psychisch verarbeitet werden.

Das neue Körperschema

Das Körperschema ist das Bild, das ein Mensch von sich selbst hat, die Art, sich selbst zu sehen, sich selbst und anderen zu begegnen, sich in seine Umwelt einzupassen. Das Kind braucht fünf bis sechs Jahre, um sein Körperschema aufzubauen, sich ganz in den Griff zu bekommen. In der Pubertät kann diese wichtige Errungenschaft durch das rapide Wachstum vorübergehend verloren gehen.

Der Jugendliche reagiert in etwa wie Erwachsene, die von heute auf morgen einen neuen und größeren Wagen fahren – frau oder man fühlt sich darin nicht heimisch. Der Jugendliche muss lernen, sich in seinem »neuen« Körper zurechtzufinden. In dieser Phase wirken Jugendliche unbeholfen, sie sind oft ungeschickt und tollpatschig.

Mann sein, Frau sein

Der neue Körper des Jugendlichen ist nicht nur größer und stärker, er nimmt auch andere Formen an: Brüste, Hüften, Brustkorb, Behaarung ... Der Körper der/des Pubertierenden gewinnt nun auch eine zusätzliche Bedeutung: Der Junge/das Mädchen erkennt sich als Sexualwesen, als Mann/Frau, wird als solcher/solche auch klar von seiner Umwelt angesehen. Der Blick der Mitmenschen auf ihn/sie verändert sich. In den Augen der Erwachsenen bleibt das Kind gewissermaßen ein sexuelles Neutrum, wirkt auf sie »unschuldig«. Der/die Jungendliche fühlt sich nun anders bewertet. Dies gilt besonders für Mädchen, deren Pubertät früher einsetzt und die sich rascher entwickeln. Viele 14- oder 15-Jährige sind gewissermaßen über Nacht »junge Damen« geworden, deren eigentliches Alter man (Mann?) auf den ersten Blick nur schwer richtig einschätzen kann.

Der Jugendliche empfindet sehr zwiespältige Gefühle des Stolzes und der Angst. Viele Fragen drängen sich ihm auf:

- Was bedeutet mein Körper für mich?
- Was für den anderen? Was für mein Gegenüber des anderen Geschlechts?
- Wie wirke ich auf andere? Bin ich schön, attraktiv, liebenswert?
- Entspreche ich dem Bild des Mannes, dem Ideal der Frau?
- Darf ich mich so geben, wie ich bin? Wo, wann und mit wem kann ich mir das erlauben?
- Nehmen andere mich ernst als Frau oder als Mann?
- Wie werde ich fertig mit positiven und negativen Reaktionen meines Umfeldes?
- Wie kann ich mich schützen, wenn andere mich verletzen oder mich unter Druck setzen?

Dazu kommen neue prägende Erfahrungen: die erste Menstruation beim Mädchen, der nächtliche – vorerst meist ungewollte – Samenerguss beim Jungen. Jungen und Mädchen praktizieren häufig Selbstbefriedigung. Wie verunsichert Jugendliche durch diese Erfahrungen auch heute oft sind, geht am besten aus der Tatsache hervor, dass solche Themen tabu bleiben.

Stimmungsschwankungen

Der schwankende Hormonspiegel bedingt ein häufig launenhaftes Empfinden und Verhalten: himmelhoch jauchzend – zu Tode betrübt; kindlich verspielt – distanziert; begeistert – null Bock; zutiefst berührt – eiskalt; konstruktiv – provokativ.

Der Jugendliche begreift oft selber nicht, warum er eben noch gelacht hat und jetzt den Tränen nahe ist.

Erziehung im Pubertätsalter

Familiäre Spannungen

»Pubertät ist, wenn die Eltern schwierig werden.« Das Zitat bringt es humorvoll auf den Punkt. Die Zeit der Pubertät ist eine schwierige Phase für die gesamte Familie. Der Jugendliche braucht Zeit, um sich mit den Veränderungen seines Körpers auseinanderzusetzen und sich mit seinem neuen Aussehen zu identifizieren. Es ist vorerst nicht einfach, sich selbst als Erwachsenen zu sehen und als solcher von seiner Außenwelt wahrgenommen zu werden.

Auch die Eltern haben meistens Schwierigkeiten, diese Veränderungen zu akzeptieren. Sie verstehen ihr Kind oft nicht mehr, wenn es anders reagiert, seine Stimmung rasch umschlägt, es sich aus der Familie zurückzieht. Sie stellen sich viele Fragen und fühlen sich in ihrer Erziehungskompetenz verunsichert.

Die allgemeine Verunsicherung bringt oft Spannungen, Konflikte und Streitigkeiten mit sich. Die Eltern müssen akzeptieren, dass ihr Kind erwachsen und unabhängig wird, dass es sich von seiner Familie löst und neue Freiheiten braucht. Sie müssen die richtige Mitte finden zwischen Grenzen setzen und Freiräume zugestehen. Dagegen muss der Jugendliche einsehen, dass er noch die Obhut seiner Eltern braucht, dass sie noch immer für ihn verantwortlich sind, ihm noch Grenzen setzen können und müssen. Wenn beide Seiten offen miteinander reden und Kompromisse eingehen, haben Jugendliche die Chance, zu glücklichen, verantwortungsvollen und freien Erwachsenen heranzuwachsen.

Zum Thema Koedukation

Die Koedukation wird in der Pubertätsphase häufig zu einer besonders heiklen Angelegenheit. Im Vergleich zu den gleichaltrigen Mädchen sind Jungen in ihrer Entwicklung gewissermaßen »Spätzünder«, die zusätzlich auch noch länger brauchen. Während einiger Jahre – etwa zwischen 12 und 15 – »hinken« die Jungen hinterher.

Dies betrifft keineswegs nur den Körper, sondern auch Bedürfnisse, Gefühle, Ansprüche und Interessen. In der Phase der Pubertät sind in einer gemischten Gruppe Gleichaltriger die Mädchen durchschnittlich »reifer« als die Jungen. Kein Wunder also, dass vierzehnjährige Mädchen sich in aller Regel stärker für sechzehn- oder siebzehnjährige Jungen interessieren als für ihre Klassenkameraden. Auch melden sie in der Schule oder im Jugendzentrum andere Gesprächsthemen an, sind psychisch durchaus bereit, ganz ernsthaft über Liebe, Zärtlichkeit und Partnerschaft ins Gespräch zu kommen.

In der gemischten Gruppe fühlen die Jungen sich häufig den Mädchen gegenüber unterlegen und reagieren verunsichert, das heißt überheblich, aggressiv oder cool. Sie verbünden sich, um es den »blöden Gänsen« zu zeigen, und sabotieren mit mehr oder weniger Geschick deren Initiativen. Daran scheitern nicht zuletzt viele Gesprächsangebote. In der Zeit der Pubertät brauchen Jugenderzieher besonders viel Sensibilität, Verständnis, Autorität und Humor, um mit Mädchen und Jungen zusammen die Themen Liebe, Partnerschaft und Sexualität anzugehen.

10 Tipps für den Umgang mit pubertierenden Jugendlichen

1 Junge Menschen über die Vorgänge in ihrem Körper sachlich informieren, sie dabei keineswegs sich selbst überlassen.

2 Es unterlassen, Jugendliche mit den Veränderungen ihres Körpers und ihrer Sexualität aufzuziehen; dies auch seitens Gleichaltriger in der Gruppe unterbinden.

3 Jugendliche in ihren Gefühlen von Verunsicherung, Zweifel und Scham ernst nehmen; sie damit vor anderen nicht bloßstellen.

4 Sich ständig vor Augen halten, dass Jugendliche Geborgenheit und Wärme brauchen; ihnen diese vermitteln, ohne sie dabei vor ihren gleichaltrigen Freunden bloßzustellen (selbst mütterliche Zärtlichkeit passt nicht zur erforderlichen »Coolness«).

5 Sich durch Jugendliche und ihre vielfältigen Provokationen nicht »bluffen« lassen – dies gilt besonders auch im Sexualbereich.

6 Die Intimsphäre Jugendlicher achten: Eltern sollten akzeptieren, dass ihre Kinder plötzlich das Bad abschließen; selbst der Sportlehrer hat in der Umkleidekabine der Mädchen nichts zu suchen.

7 Darauf verzichten, um alle (Liebes-)Geheimnisse Jugendlicher wissen zu müssen und sie entsprechend auszufragen oder zu überwachen.

8 Jugendliche, ihren Körper, ihre Attraktivität oder ihren Charme nicht idealisieren; lieber die eigene sexuelle und affektive Identität pflegen.

9 Davon ablassen, Jugendliche zu vereinnahmen, sich bei ihnen anzubiedern, sie zu bezaubern – mit solchen Versuchen geben Erziehende ihre Autorität preis und machen sich schnell lächerlich.

10 Sich emotional einbringen, ohne dabei den notwendigen Abstand zu verlieren – Jugendliche sind keineswegs potenzielle Kumpels oder Liebhaber.

Geschlechtsorgane –
Wunder der Natur

Zwei Menschen empfinden füreinander tiefe Liebe. Die Vereinigung ihrer Körper im Liebesakt ist der wahrhaftigste Ausdruck ihrer Zuneigung. In ihrer gemeinsamen Ekstase erleben sie im höchsten Maß Freude und Lust.

Ein menschliches Leben beginnt, wenn eine Eizelle und eine Samenzelle miteinander verschmelzen. Am Anfang steht eine Zelle von der Größe eines Sandkorns. In ihrem Kern birgt sie 46 Chromosomen. Auf ihnen sind alle Informationen gespeichert, damit aus dem Pünktchen ein Mensch wird: das reichste Lebewesen überhaupt, das sich über Jahrzehnte weiterentwickelt, das allen spezifischen menschlichen Eigenarten entspricht und das doch innerhalb seiner Art ein unverwechselbares Unikat bleibt.

Die menschlichen Geschlechtsorgane werden zu fantastischen Instrumenten des Lebens, der Liebe, der Freude und des Genießens. Sie lassen uns Menschen ungemein tiefe Erfahrungen machen, die uns über uns selber hinauswachsen lassen. Unsere Geschlechtsorgane sind Geschenke, wahre Schatztruhen der Natur.

Wir, die Autoren, möchten in diesem Kapitel etwas Biologieunterricht nachholen und die Geschlechtsorgane in ihrer reichen Potenzialität darstellen und würdigen.

Die weiblichen Geschlechtsorgane

Eierstöcke (Ovarien)

Das Mädchen hat zwei Eierstöcke. Nach der Pubertät haben sie die Größe von Walnüssen: etwa 25 mm lang, 15 mm breit und 10 mm dick. Sie liegen in der Mitte des Unterleibes auf beiden Seiten der Gebärmutter. Die Eierstöcke entsprechen den Hoden beim Jungen.

Die Eierstöcke stellen *Hormone* her: Östrogen und Progesteron. In der Pubertät steuern sie die Entwicklung der primären und der sekundären Geschlechtsteile. Zugleich regeln sie auch den Monatszyklus der Frau.

Die Eierstöcke produzieren die *Eizellen*. Bereits vor der Geburt sind alle Zellen gebildet, die sich später zu Eizellen weiterentwickeln – insgesamt etwa 400.000. Die meisten dieser Zellen sterben nach und nach ab. Im Pubertätsalter verbleiben etwa 30.000, um das 30. Lebensjahr noch rund 10.000. Zum Zeitpunkt der Menopause (um 45 bis 50) sind keine Eizellen mehr vorhanden. Zwischen der Pubertät und der Menopause, in den fruchtbaren Lebensjahren einer Frau, reifen etwa 400 befruchtungsfähige Eizellen heran.

Jede reife Eizelle enthält 23 *Chromosomen*. Das 23. Chromosom ist immer ein X-Chromosom. Bei den Samenzellen ist das 23. Chromosom entweder ein X- oder ein Y-Chromosom. Insofern bestimmen die Samenzellen das Geschlecht des Kindes: XX – ein Mädchen, XY – ein Junge.

Die reife Eizelle ist die größte Zelle des menschlichen Körpers und misst 0,15 mm. Sie ist kleiner als ein Sandkorn. Beim *Eisprung* platzt ein Ei aus dem Eierstock und wird in den Eileiter aufgenommen. Die kleine Wunde verheilt als sogenannter Gelbkörper. Der Gelbkörper produziert das Hormon Progesteron. Wenn es nach 14 Tagen nicht zur Einnistung der Eizelle in der Gebärmutter gekommen ist, wird kein Progesteron mehr produziert. Beim Thema Menstruation ist diese Information nochmals wichtig.

Eileiter (Tube, Ovidukt)

Die Eileiter sind 10–12 cm lange Verbindungskanäle zwischen den Eierstöcken und der Gebärmutter. Sie entsprechen den Samenleitern beim Jungen. Auf der Höhe der Eierstöcke haben die Eileiter fingerähnliche Fortsätze, die die reifen Eier auffangen. Kleine Haare innerhalb der Eileiter bewegen die reifen Eier auf die Gebärmutter zu.

Die *Befruchtung* der Eizelle durch die Samenzelle findet in der Regel im oberen Teil des Eileiters statt.

Gebärmutter (Uterus)

Die Gebärmutter liegt in der Mitte des kleinen Beckens, gleich hinter der Blase und vor dem Dickdarm. Das faustdicke Organ hat die Form einer auf dem Kopf stehenden Birne: 7–8 cm lang und 4–5 cm breit. Sie wiegt etwa 100 Gramm. Der Uterus besteht aus einem Muskel, der innen hohl ist. Die Muskelwand trägt innen eine *Schleimhautschicht* (Endometrium). Diese baut sich jeden Monat teilweise neu auf, um die eventuelle Einnistung einer befruchteten Eizelle zu gewährleisten.

Die Muskelwand ist sehr dehnbar. Während der *Schwangerschaft* wächst der Uterus bis zur Größe eines Fußballs. Die kraftvollen Kontraktionen der Gebärmutter leiten die Geburt des Kindes ein.

Der untere, schmalere Teil des Uterus heißt *Gebärmutterhals* (Zervix). Der Hals reicht in das Innere der Scheide. In der Schleimhaut der Zervix sitzen zahlreiche Drüsen, die Schleim absondern. Die Geschlechtshormone beeinflussen die Größe der Öffnung der Zervix sowie die Beschaffenheit des Schleims. Die meiste Zeit über ist die Öffnung, der *Muttermund*, sehr eng und der Schleim bildet in der Öffnung einen zähen Pfropfen. Beim Thema Menstruation kommen wir darauf zurück.

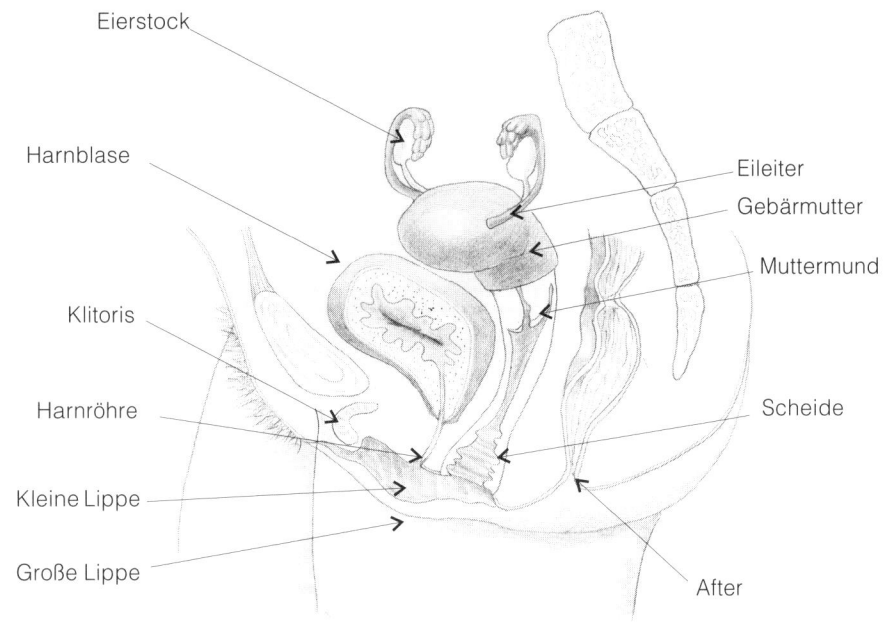

Eierstock

Harnblase

Eileiter

Gebärmutter

Muttermund

Klitoris

Harnröhre

Scheide

Kleine Lippe

Große Lippe

After

Scheide (Vagina)

Die Scheide ist ein muskulöses Rohr: 8–10 cm lang und 3–5 cm breit. Sie ist ein sehr flexibles Organ, das sich beim Geschlechtsverkehr der Größe des Glieds anpasst. Die *Schleimhäute* an der Innenwand sind reich durchblutet, haben aber kaum Nervenendungen. Somit ist die Vagina nur wenig empfindsam. Die säuerlich-salzigen Aussonderungen reinigen und schützen die Scheide.

Beim Geschlechtsverkehr zieht sich der untere Teil zusammen. Am Scheideneingang und von der Scheidenwand wird Gleitflüssigkeit abgesondert. Sie erleichtert das Eindringen des Gliedes (Penetration). Ohne diese Flüssigkeit wäre der Verkehr schmerzvoll für beide Partner.

Die Scheide entspricht dem Glied beim Mann. Sie hat eine *dreifache Funktion:* Aufnahme des Glieds und des Spermas beim Geschlechtsverkehr, Ausfluss des Blutes während der Monatsregel, Geburtsweg des Kindes.

Vulva (äußere Geschlechtsorgane der Frau)

Die Vulva besteht aus den großen und den kleinen Geschlechtslippen, dem Scheideneingang, dem Ausgang der Harnröhre und der Klitoris (Kitzler).

Die *großen Geschlechtslippen* bedecken die Vulva, ab der Pubertät sind sie mit Haaren bewachsen. Sie entsprechen beim Mann dem Hodensack.

Die *kleinen Lippen* haben ein dichtes Netz von Blutgefäßen und Nervenenden, sie sind sehr empfindsam. Oben bilden sie eine Vorhaut über die Klitoris. Dort auch liegen Drüsen, die eine käseähnliche Substanz absondern: das Smegma. Wenn diese Substanz sich ansammelt, kann sie Reizungen hervorrufen. Bei der täglichen Körperwäsche sollten die Geschlechtsorgane nicht vergessen werden.

Die *Klitoris* (der Kitzler) ist das sensibelste Organ des Frauenkörpers und entspricht der Eichel, also der Spitze des Gliedes beim Mann. Die Klitoris hat zwei Schwellkörper, die sich bei sexueller Erregung mit Blut füllen. Dadurch wächst der Kitzler (von 2,5 auf 5 cm). Allein der obere Teil der Klitoris ist sichtbar.

Zwischen der Klitoris und der Scheidenöffnung mündet die *Harnröhre.*

Die Scheidenöffnung ist teilweise mit einer porösen Haut verdeckt: dem Hymen oder *Jungfernhäutchen.* Ein unverletztes Hymen galt lange als Beweis der Jungfräulichkeit. Als Jungfrau wird eine Frau bezeichnet, die noch nie Geschlechtsverkehr hatte. Das Hymen ist sehr dehnbar, insofern muss es beim ersten Geschlechtsverkehr nicht zerreißen. Es kann andererseits aber auch ohne Verkehr reißen: bei sportlichen Aktivitäten, beim Einführen eines Tampons, beim Masturbieren oder beim Petting (Streicheln und Reizen der Geschlechtsteile ohne Penetration). In aller Regel zerreißt das Hymen beim ersten Einführen des Penis. Dies ist kurz unangenehm, verursacht unerhebliche Schmerzen und führt zu einer leichten Blutung. Es gibt dabei für beide Partner keinen Grund zur Beunruhigung.

Die männlichen Geschlechtsorgane

Hoden (Testikel, Testis)

Wie die Eierstöcke entwickeln sich die Hoden in der Bauchhöhle und sie senken sich vor der Geburt in den Hodensack ab. Die Hoden sind oval, etwa 4 cm lang, 3 cm breit und 2,5 cm dick.

Die Hoden produzieren die männlichen *Geschlechtshormone* (Androgene, darunter das Testosteron). Diese steuern die geschlechtlichen Entwicklungsprozesse während der Pubertät.

Ab der Pubertät bilden die Hoden die Samenfäden (*Spermien*). Das Spermium ist im Gegensatz zum weiblichen Ei die kleinste Zelle des menschlichen Körpers. Es ist mit dem bloßen Auge nicht sichtbar. Von seiner Form her erinnert es an eine Kaulquappe: Kopf, Körper mit dem Zellkern, langer Schwanz. Die Gesamtlänge beträgt 0,04 mm. Seine Beweglichkeit erhält das Spermium erst in der Samenflüssigkeit.

Die Hoden bilden die Spermien in sehr feinen Kanälen. Der Produktionsprozess beansprucht 64 Tage. Jeden Tag reifen etwa 100 Millionen Samenzellen. Der Bildungsprozess verlangsamt sich in späteren Jahren, geht aber prinzipiell weiter bis ins hohe Alter. Auch (sehr) alte Männer können im Gegensatz zu gleichaltrigen Frauen noch Kinder zeugen.

Jede reife Samenzelle hat – wie auch das reife Ei – 23 *Chromosomen*. Die Samenzelle legt bei der Befruchtung das Geschlecht des Kindes fest.

Hodensack (Skrotum)

Der Hodensack besteht aus einer Hauttasche zwischen den Schenkeln und an der Wurzel des Glieds. Die Haut ist etwas dunkler gefärbt. Die Hoden liegen in getrennten Abteilungen, wobei der linke Hoden meist etwas tiefer liegt.

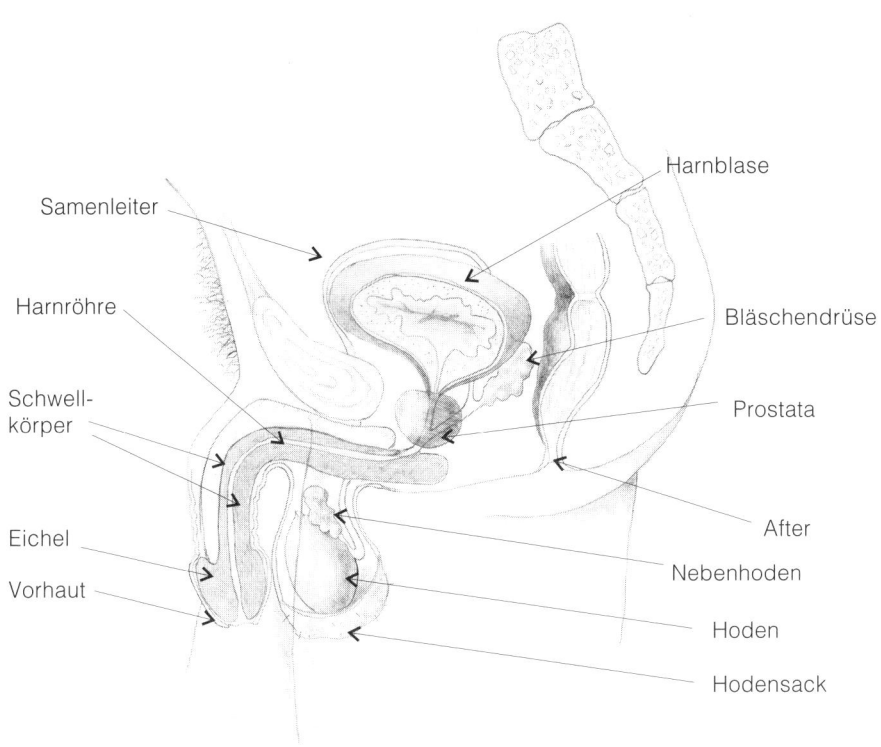

Die Körpertemperatur im Skrotum liegt etwas unter 37°. Bei der normalen Körpertemperatur würden die Hoden keine Spermien bilden. Wenn die Hoden vor der Geburt nicht sinken (Hodenhochstand), greift der Facharzt vor der Pubertät operativ ein.

Samenleiter (Vas deferens)

Die beiden Samenleiter sind 35 bis 45 cm lange Verbindungskanäle zwischen den Hoden und der Prostata. Feine Haare bewegen die *Spermien* auf die Prostata zu.

73

Samenbläschen und Vorsteherdrüse (Prostata)

Am Ende der Samenleiter befinden sich die beiden Samenbläschen und die Prostata. Diese hat etwa die Größe einer Kastanie und liegt unterhalb der Blase. Samenbläschen und Prostata bilden die *Samenflüssigkeit*.

Die Samenflüssigkeit ist milchig und zäh. Sie nährt und schützt die Spermien. In ihr können sich die Samenzellen aus eigener Kraft bewegen. Die Flüssigkeit, die beim Samenerguss aus dem Glied spritzt, heißt *Sperma*. Sperma besteht aus Spermien und Samenflüssigkeit. Die Menge bei einem Samenerguss (Ejakulat) beträgt 2 bis 4 Kubikzentiliter – das ist etwa ein Teelöffel voll. Ein Ejakulat enthält 200 bis 500 Millionen Samenzellen. Im Fall einer Befruchtung wird ein einziges Spermium das Rennen machen und als erstes die Eihaut durchstoßen.

Harnröhre

Im Gegensatz zur Frau verfügt der Mann über einen einzigen Ausgang, über den sowohl das *Sperma* als auch der *Harn* ausgeschieden werden. Dies ist die etwa 7 cm lange Harnröhre.

Allerdings können Harn und Sperma nicht gleichzeitig abgelassen werden. Bei der Erektion (Versteifung des Penis) schließt sich die Harnröhre in ihrem oberen Teil. Darum haben Jungen, die mit einer Erektion aufwachen, Probleme, sofort zu urinieren. Kleine Drüsen sondern ein Sekret ab, das die Harnröhre vor der Ejakulation reinigt.

Glied (Penis)

Der Penis ist ein 7 bis 10 cm langer Schlauch nach außen. Um die Harnröhre herum liegen drei *Schwellkörper*. Im Zustand sexueller Erregung füllen sich diese rasch mit Blut, vergrößern und versteifen das Glied, das sich teilweise aufrichtet, dieser Vorgang heißt *Erektion.* Nur ein erigiertes Glied vermag in die Scheide einzudringen.

Viele Jungen machen sich Sorgen, ob die Größe ihres Penis normal ist. Im erigierten Zustand misst das Glied etwa 16 cm (zwischen 13 und

18 cm). Im Gegensatz zur Aussage mancher derber Sprüche hat die Länge des Penis weder Einfluss auf die sexuelle Leistungsfähigkeit des Mannes noch auf das Lustgefühl der beiden Partner. Wie wir bereits weiter oben gesehen haben, passt sich jede Vagina der Größe des Glieds an.

Die kegelförmige Spitze des Glieds ist die *Eichel*. Wie die Klitoris bei der Frau ist die Eichel die sensibelste Körperzone des Mannes. Sie ist reich durchblutet und enthält zahllose Nervenenden; sie vermittelt sexuelle Lustgefühle. Am Ende der Eichel sitzen Drüsen, die wie bei der Klitoris Smegma absondern (käseähnliche Substanz). Wenn die Vorhaut eng ist, kann sich diese Substanz ansammeln und Reizungen hervorrufen. Bei der täglichen Körperpflege sollten Männer die Vorhaut vorsichtig zurückziehen und die Eichel reinigen.

Normalerweise bedeckt die *Vorhaut* die Eichel. Bei der Erektion tritt die Eichel unter der Vorhaut empor und ist dicker als der Peniskörper. Es kann vorkommen, dass die Vorhaut zu eng ist und sich nicht zurückstreifen lässt (Phimose). Dann wird sie operativ entfernt. Aus religiösen Gründen geschieht diese Beschneidung bei Juden und Moslems nach der Geburt. Aus gesundheitlichen Überlegungen heraus werden heute vermehrt Jungen sofort nach der Geburt beschnitten.

Wenn wir uns darauf
einigen könnten
dass ich deinen Körper
begeisternd
finden darf   Verfahren
und du
meinen Körper
nicht bedrohlich
finden musst –
wir wären ein Stückchen weiter
in Richtung Paradies.

Jörn Pfennig

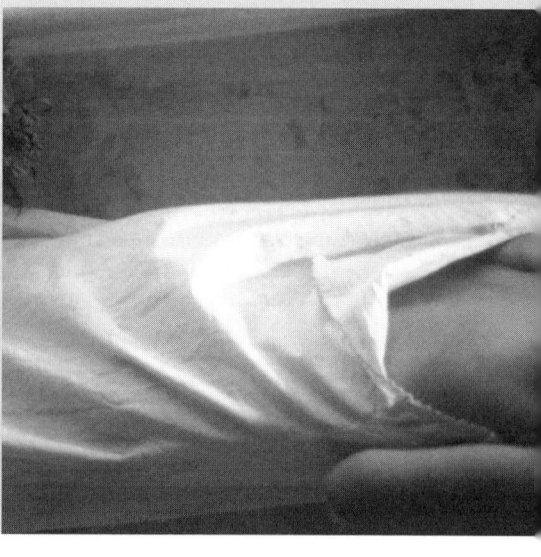

Die Menstruation

Die Menstruation oder Monatsblutung ist ein Abschnitt im Monatszyklus der Frau. Dieser dauert durchschnittlich 28 Tage und umfasst folgende Phasen:

- Reifung eines Eis (unterschiedliche Dauer)
- Eisprung und etwa 3 bis 5 fruchtbare Tage
- Vorbereitung einer eventuellen Einnistung in der Gebärmutter, Aufbau der Schleimhaut (14 Tage ab dem Eisprung)
- Abbau der Schleimhaut der Gebärmutter und Monatsblutung (Menstruation, Periode; 3 bis 5 Tage)

Falls es in den fruchtbaren Tagen der Frau zu einer Verschmelzung zwischen Ei und Samenzelle kommt, nistet sich das befruchtete Ei 3 bis 5 Tage später in der Schleimhaut der Gebärmutter ein. Diese bleibt während der Schwangerschaft erhalten. Die Monatsblutung bleibt aus. In dieser Zeit reifen in den Eierstöcken auch keine weiteren Eizellen. Der Geschlechtszyklus wird während der Schwangerschaft unterbrochen.

Fruchtbare Phasen im Leben von Frau und Mann

Die Eierstöcke bilden bereits vor der Geburt des Mädchens sämtliche Eizellen. Es sind dies Hunderttausende von unreifen Eiern (Oozyten), deren Zahl sich allmählich verringert; die meisten sterben nach und nach ab, ohne reif zu werden. Ab der Pubertät (zwischen 10 und 16 Jahren) reift jeden Monat in der Regel ein Ei und wird vom Eierstock in den Eileiter abgegeben. Dort kann es dann zur Befruchtung, zur Verschmelzung von Ei und Samenzelle kommen. Um das 50. Lebensjahr sind keine unreifen Eier mehr vorhanden, der Geschlechtszyklus wird eingestellt. Man spricht von der Menopause oder den Wechseljahren einer Frau. In den fruchtbaren Jahren werden aus dem Oozytenbestand 350 bis 450 reife Eizellen gebildet.

Der Mann ist jeden Tag bis ins hohe Alter fruchtbar und bildet täglich eine beeindruckende Zahl von Spermien: etwa 100 Millionen.

Der Ablauf des weiblichen Monatszyklus

Erste Phase:
Vorbereitung des Eisprungs

- Die Dauer der ersten Phase ist sehr unterschiedlich (häufig zwischen 7 und 22 Tagen).
- Die erste Phase beginnt mit der Menstruation. Diese dauert bei den meisten Frauen 3 bis 5 Tage. Dabei wird die Schleimhaut in der Gebärmutter abgebaut.
- Im Eierstock reift eine neue Eizelle in ihrer Eitasche (Follikel). Dieser Prozess wird durch ein Hormon des Gehirns gesteuert: das FSH (Follikel stimulierendes Hormon).
- Die Eitasche produziert das Hormon Östrogen. Das Hormon sorgt dafür, dass die Schleimhaut im Uterus wieder aufgebaut wird.

- Vor dem Eisprung wird der Schleimpfropf im Gebärmuttermund aufgelöst. Der Schleim dort wird flüssig und klar. Er bildet während einiger Tage einen guten Nährboden für die Spermien.
- Der Eisprung beendet die erste Phase.

**Zweite Phase:
Vorbereitung der Einnistung und der
Schwangerschaft**

- Die Dauer ist konstant und beträgt etwa 14 Tage.
- Die geplatzte Eitasche im Eierstock wird zum Gelbkörper. Dieser bildet Östrogene und Progesteron. Beide Hormone verhindern die Abgabe von FSH. Dadurch wird der Eireifungsprozess unterbrochen.
- Das Progesteron bewirkt, dass die Schleimhaut im Uterus aufgebaut wird. Diese wird nun fähig, ein befruchtetes Ei aufzunehmen, zu schützen und zu nähren.
- Die Einnistung einer befruchteten Eizelle unterbricht während der Schwangerschaft den Zyklus. In dieser Zeit wird kein weiteres Ei reifen.
- Wenn kein Ei sich einnistet, wird der Gelbkörper nach 10 Tagen nach und nach abgebaut. Die beiden Hormone, die er bildet, verschwinden aus dem Blutbild.
- Der Abbau der Gebärmutterschleimhaut wird eingeleitet. Das Zwischenhirn sondert wieder FSH ab. Ein neuer Zyklus beginnt.

Die Dauer des Zyklus ist unterschiedlich. Zunächst hat jede Frau ihren eigenen Zyklus – häufig zwischen 21 und 36 Tagen. Oft schwankt die Dauer zudem bei ein- und derselben Frau. Dies ist ganz normal in der Pubertät oder vor der Menopause, ebenso bei Stress, Krankheiten oder Reisen. Etwa ab dem 16. Lebensjahr pendelt der Zyklus sich ein.

Menstruationshygiene

Während ihrer Tage benutzen Frauen Binden oder Tampons, um das auslaufende Blut aufzusaugen und ihre Kleider zu schützen.

Seit etwa achtzig Jahren werden Wegwerfbinden angeboten. Sie sind sehr saugfähig und werden in den Slip eingeklebt, sodass sie nicht verrutschen. Die Handhabung ist denkbar einfach. Ob Extras wie beispielsweise Binden mit Duftstoffen sinnvoll sind, darüber kann frau oder man streiten. Jedenfalls erhöhen sie den Preis.

Seit über fünfzig Jahren sind auch Tampons im Handel. Es sind Stäbchen aus Baumwolle, die in die Scheide eingeführt werden. Sie werden in unterschiedlichen Größen angeboten – es empfiehlt sich, mit der kleinsten zu beginnen. An jedem Tampon ist ein Rückholfaden befestigt. Frau sollte den Gebrauch der Tampons vorher üben: Hände waschen, sich mit angewinkelten Beinen auf den Rücken legen, sich entspannen, die Vulva sanft streicheln, sich Zeit lassen ... Auch ist es für Mädchen hilfreich, sich von der Mutter, einer älteren Schwester oder einer erfahrenen Freundin beraten zu lassen. Tampons sollten etwa alle 6 Stunden gewechselt werden, damit sich keine schädlichen Bakterien entwickeln.

Es ist ganz normal, dass junge Mädchen anfangs mit der richtigen Handhabung der Tampons Probleme haben. Bei den ersten Versuchen empfinden manche Frauen das Tragen eines Tampons als eher unangenehm.

Tampons sind klein und handlich, sie sind sehr saugfähig und können nicht verrutschen. Sie haben den Nachteil, dass sie Scheidenflüssigkeit mit aufsaugen. Dadurch wird die Scheide trocken; die Handhabung kann etwas schmerzhafter sein. Nochmals: Probieren geht über Studieren!

Während ihrer Tage darf eine Frau, wenn sie das möchte, Kuchen backen, schwimmen, Kühe melken, Mayonnaise rühren, Sport treiben, ihren Partner lieben, tanzen, zum Friseur gehen, duschen ...

Alternative Tipps gegen Menstruationsbeschwerden

bequeme Kleider tragen, die nicht zu eng anliegen

ruhen und entspannen

ausgewogen, fett- und salzarm essen

Nahrungsmittel bevorzugen, die die Vitamine A (Karotten, Tomaten, Zitronen, Getreide, Pflanzenöle ...) und B6 (Kartoffeln, Eigelb, grünes Gemüse ...) enthalten

viel trinken

Alkohol und Koffein (Kaffee, Schwarztee, Cola ...) weglassen

richtig atmen: tief durch die Nase einatmen, langsam durch den Mund ausatmen

verschiedene Kräutertees genießen: z.B. Kamille, Pfefferminze, Frauenmantel

sich bewegen, sportlich aktiv sein

dem Körper Wärme zuführen: Heizkissen, Wärmeflasche, warmes Bad ...

sich massieren lassen

beobachten und festhalten, was wann guttut und erleichtert

sich unter Frauen über diese Tipps austauschen

Die Bedeutung der Menstruation

Über lange Jahrhunderte hinweg bewerteten Frauen und Männer die Monatsblutung mit sehr negativen Vorurteilen. Das ausfließende Blut galt als schmutzig, eklig und verdorben. Frauen wurden dadurch befleckt und unrein. Männer taten gut daran, Frauen während »ihrer Tage« zu meiden; Geschlechtsverkehr war in dieser Zeit tabu. Die Periode galt als ein Anzeichen von Krankheit, Schmutz und Unterlegenheit. Männer meinten, deswegen Frauen verachten zu dürfen. Frauen meinten, dies demütig hinnehmen zu müssen.

Unsere Vorfahren waren nicht in der Lage, die großartigen Geheimnisse des Körpers zu erkennen. Ihre Vorurteile entstanden aus Unkenntnis. Wir haben die Chance, es heute besser zu wissen. Die Monatsblutung ist das äußere Anzeichen eines wundervollen Vorgangs, der sich jeden Monat im Körper einer Frau wiederholt. Die Menstruation erinnert am Anfang jedes Geschlechtszyklus daran, dass der Körper der Frau bereit ist, neues menschliches Leben zu zeugen, auszutragen und in die Welt zu setzen. In besonders eindrucksvoller Art ist die Frau am großen Schöpfungswerk der Natur beteiligt.

Die Menstruation ist eine Botschaft der Fruchtbarkeit. Die erste Periode (Menarche) ist der Beginn eines neuen und hoffnungsvollen Lebensabschnittes. Die werdende Frau darf ab nun wählen, Leben zu schenken.

Lebenskraft
Sexualität

»Was ist Sexualität?« Die spontanen Reaktionen auf diese Frage sind interessant: Verlegenheit, Spott, Erröten, Zwischenrufe, Gelächter ... Früher war Sexualität tabu, es galt als ungehörig oder gar unanständig, darüber zu reden. »Man tut es und sollte nicht auch noch lange darüber quatschen!«, so ein älterer Herr.

Trotzdem wurde auch früher »gequatscht«: im Beichtstuhl, denn alles Sexuelle wurde als mehr oder weniger schlimme Sünde angesehen; in derben Witzen nach dem fünften Bier; beim Dorftratsch, frei nach dem Motto: Wer treibt es mit wem? Der vorherrschenden Meinung entsprechend war Sex negativ besetzt: ungehörig, schmutzig, schweinisch, sündhaft.

Ist das heute anders? Wir meinen Ja! Beim Thema Sexualität reagieren viele Menschen jeden Alters offen, frei und positiv. Und doch? Manche Fragen im Bereich der Sexualität werden weiterhin stark tabuisiert, so z.B. Selbstbefriedigung oder Homosexualität, aber auch persönliche Empfindungen wie Angst, Unsicherheit, Scham oder Schuld. Manche klopfen großspurige Sprüche. Doch wie sieht es hinter der Imponierfassade wirklich aus? Vielerorts kann man es sich kaum leisten, Fragen zu stellen oder nicht mit zahlreichen »Erfolgserlebnissen« aufzutrumpfen. Oft ist das Sexualtabu nicht aufgehoben, sondern nur verschoben worden.

Was ist also Sexualität? Wir haben Gruppen von Jugendlichen gebeten, spontan Begriffe zu nennen, die sie mit dem Wort Sexualität in Zusammenhang bringen. Hier Antworten, die häufig gegeben werden: Geschlechtsverkehr, Liebe, Zärtlichkeit, Gewalt, Verhütungsmittel, Treue, Untreue, AIDS, Gefühle, Lust, Leidenschaft, Kinder, Freundschaft ... Wir haben die Antworten auf einem Plakat zusammengeschrieben und es entstand ein buntes Bild. Sexualität umfasst eine breite Palette unterschiedlicher menschlicher Bedürfnisse, Empfindungen, Erfahrungen, Entscheidungen und Ansprüche.

Auch wir, die Autoren dieses Buches, wollen eine Antwort formulieren. Was ist Sexualität für uns?

Energie ohne Grenzen

Sexualität ist vorerst eine starke Lebenskraft, die uns Menschen von der Geburt an bis in den Tod hinein zur Verfügung steht. »Trieb« nennt Sigmund Freud (einer der Begründer der modernen Psychologie) diese Energie. Triebe sind auf wesentliche menschliche Bedürfnisse gerichtet: essen, atmen, ausscheiden, schlafen, sicher sein, sich verteidigen, Gefahren abwehren, sich durchsetzen, anerkannt werden, Zuneigung erfahren, Lust erleben ...

Die Triebe sind vergleichbar mit großen Feuern, die in unserem Innersten brennen und machtvolle Lebensenergien freisetzen. Sie bilden eine unverzichtbare Lebensquelle, die uns von der Natur geschenkt wird. Unsere Sexualität gehört zu diesen Lebensmotoren, die uns antreiben, die uns Initiativen ergreifen und auf andere zugehen lassen. Der Sexualtrieb dient sehr wichtigen menschlichen Grundbedürfnissen: Leben, Anerkennung, Geborgenheit, Eros (Lust, Spiel, Leidenschaft).

Unsere Triebe wirken mit großer Macht, aber meistens ohne dass wir uns dessen bewusst sind. Sie sind blind, impulsiv, vertragen keinen Aufschub, sind kompromisslos und nehmen keine Rücksicht. Insofern sind sie »gefährlich«. Menschen, die allein ihren Trieben ausgeliefert wären, blieben unberechenbare Monster. Sie würden mit roher Gewalt rauben, schlagen, verschlingen, vergewaltigen und morden.

Das Baby in seinen ersten Wochen wird zum zügellosen »Triebtäter«, wenn seinen Wünschen nicht entsprochen wird. Mit hochrotem Kopf schreit und strampelt es seine unbändige Wut aus der Seele, wenn es warten muss, bevor der Vater es in seine Arme nimmt oder die Mutter es an die Brust legt.

Kulturelle Steuerung

Als Gegenpol der Triebe entwickelt die menschliche Persönlichkeit eine zweite Instanz: von außen übernommene Normen. Es sind dies ungezählte Gebote und Verbote, die wir fraglos annehmen, die wir mit den meisten Menschen unseres Umfeldes teilen, über die wir in aller Regel nie nachgedacht haben, die nirgendwo formal festgehalten werden und die doch sehr verbindlich sind. Es sind Regeln, die festlegen, was passend, was gehörig ist, was man darf, muss oder soll, um in einer Gruppe zu bestehen.

Einige Beispiele: Wie kleide ich mich für den Schulbesuch oder den Arbeitstag? Neben wen setze ich mich im Bus? Welche Körperdistanz beachte ich im Lift? Wie zeige ich Gefühle? Wie bekunde ich sexuelle Interessen? Wo darf ich nackt sein? Wie rede ich über Sexualität?

Die Beispiele belegen, dass die allermeisten Normen relativ sind; sie sind unterschiedlich und verändern sich: Großstadt und Dorf, früher und heute, alt und jung, Frauen und Männer, Deutsche und Japaner, arm und reich ...

Doch auch Normen wirken – ähnlich wie die Triebe – unbewusst, impulsiv und kompromisslos. Menschen übernehmen Normen seit ihrer frühesten Kindheit – von ihren Eltern, Schwestern und Brüdern, Verwandten, Nachbarn, Freunden, aus Chansons, von der Werbung, im Schulhof, im

Verein, auf dem Tanzboden … Die Normen werden uns zur zweiten Haut, in die wir fraglos hineinschlüpfen und die wir nur schwer wieder abstreifen können. Sie sind Teil unseres kulturellen Erbes.

Eltern und ihre jugendlichen Kinder haben teilweise verschiedene Normen übernommen. Dies bedingt innerhalb unserer Familien häufig Streit und Zank, weil Alt und Jung »aus dem Bauch heraus« unterschiedlich reagieren und sich gegenseitig nicht verstehen.

Vor rund 50 Jahren waren die Sexualnormen in den westeuropäischen Ländern in aller Regel noch sehr eng: Geschlechtsverkehr außerhalb der Ehe war verboten. Eine Frau, die dazu trotzdem einwilligte, galt als Hure. Sexuelle Spiele vor dem Geschlechtsverkehr galten als suspekt und ungehörig. Der Geschlechtsverkehr innerhalb der Ehe war eheliche Pflicht. Ehefrauen hatten einzuwilligen, auch wenn sie nicht mochten. Sexuelle Lust war verpönt. Man zeigte sich nicht nackt und vollzog den Geschlechtsverkehr ohne Licht unter der Bettdecke. Die Menstruation »verunreinigte« die Frau. Eine anständige Frau ergriff nie selbst sexuelle Initiativen …

Viele Menschen unserer Zeit lehnen solche Normen entrüstet ab. Sie bewerten sie als rigide, unmenschlich und letztlich krank machend. Welche Sexualnormen gelten heute jeweils für uns? Es lohnt, zusammen darüber nachzudenken und miteinander ins Gespräch zu kommen. Übrigens helfen oft die Bilder der Werbung, geltende Normen zu erkennen.

Innere Spannungen

Der Mensch verfügt über kraftvolle angeborene Triebenergien auf der einen Seite. Andererseits werden diese gewissermaßen eingefangen durch die strengen Kontrollmechanismen unserer anerzogenen Normen. »Ich möchte jetzt sofort haben!« kontra »Du weißt genau, dass sich das nicht gehört!« In unserem tiefsten Innern sind wir häufig hin- und hergerissen zwischen Wünschen und Verboten, die umso mächtiger agieren, als wir ihr Wirken bewusst kaum wahrnehmen.

Dieses Hin und Her erzeugt in uns Menschen diffuse (wenig greifbare) Spannungen. Sie bedingen Angst, Unsicherheit, Zweifel und Scham. In solchen Situationen werden manche Menschen »unberechenbar«: Sie reagieren impulsiv, handeln ohne Rücksicht auf Verluste, werden unter Umständen aggressiv oder gar gewalttätig. – Etliche kasteien oder verletzen sich selbst. – Andere ziehen sich zurück und kapseln sich ab. – Wieder andere fliehen in die vorübergehenden Scheinsicherheiten, die Alkohol und Drogen verheißen.

Von solchen Menschen behaupten wir gerne, sie hätten ihre Mitte verloren. Effektiv geschieht uns dies häufig dann, wenn wir in unserem Leben mit wichtigen Veränderungen konfrontiert werden:

- die Zeit der Pubertät, wenn der Körper sich spektakulär verändert
- die Midlife-Crisis, wenn 40- oder 50-Jährige nach dem Sinn des Lebens fragen
- plötzlich auftretende Krankheiten, die alle Lebenspläne verändern
- der Verlust des Arbeitsplatzes oder die Pensionierung
- der Auszug der erwachsenen Kinder
- der Tod des Partners, eines Kindes, der Eltern oder sonstiger naher Verwandter ...

Freiheit im Ich

Neben den Trieben (das »Es«) und den Normen (das »Über-Ich«) nennt Sigmund Freud eine dritte Ebene unserer Persönlichkeit und gibt ihr den Namen »Ich«. Das Ich leistet in uns wesentliche Aufgaben:

Realitätssinn

Bevor wir handeln, tragen wir der Wirklichkeit um uns herum Rechnung: unsere Mittel, unsere Gesundheit, unsere Verhältnisse, unsere Umwelt, unsere Nächsten ... Wir überlegen, was unsere Entscheidungen und Handlungen auslösen. Wir vermeiden sich negativ auswirkende Konsequenzen.

Werte und Ideale

Wir richten unser Leben aus an frei gewählten Werten und Idealen: Liebe, Treue, Wahrheit, Freude, Zuverlässigkeit ... Dazu gehört auch der Mut, gelegentlich gegen den Strom zu schwimmen. An unseren Werten und Idealen messen und bewerten wir uns selbst, unser eigenes Tun und Lassen. Das Ich übernimmt die Aufgabe des Gewissens.

Freiheit und Authentizität

Gewiss, unsere menschliche Freiheit ist relativ. Triebe und Normen geben einen bestimmten Rahmen vor. Trotzdem eröffnet das Ich uns Wahl- und Entscheidungschancen. Allerdings tun wir Menschen gut daran, uns nicht selbst zu verleugnen: Wir sollten unseren Bedürfnissen respektvoll Rechnung tragen. Dazu zählen auch die Sexualbedürfnisse. Absolute Selbstkasteiung begründet selten Freiheit, lässt manche Menschen zu unausstehlichen und sich selbst bemitleidenden Märtyrern werden. Desgleichen brauchen wir Normen, die uns im Alltag entlasten, die uns ungezählte Entscheidungen abnehmen, die vieles wie automatisch steuern und regeln. Sie bilden ein kostbares Vermächtnis, solange wir uns darin hinterfragen lassen. Zwischen den beiden Kontrahenten der Triebe sowie der Gebote und Verbote wird das Ich zum willkommenen Schlichter, der annehmbare Kompromisse vermittelt.

Das Trio Es – Ich – Über-Ich ist keine statische Struktur. Ungezählte Ereignisse, die unseren Körper, unsere Gefühle oder unser Umfeld betreffen, stellen das mühsam errungene innere Gleichgewicht immer wieder infrage, z.B. während der Pubertät, in den Wechseljahren oder in der Midlife-Crisis. Somit bleiben wir Menschen in allen Lebensphasen seelisch zerbrechliche Wesen, die beständig neu gefordert werden, zu ihrer Mitte zurückzufinden. Unsere psychische Verletzbarkeit und das daraus resultierende Streben nach Harmonie bedingen in jedem Alter auch unseren Charme. Wir bleiben Suchende, die immer wieder zu neuen Ufern aufbrechen: Wir bleiben bis in den Tod hinein Frauen und Männer mit neuen Sehnsüchten und Träumen, mit sich verändernden Initiativen und

Erfahrungen. Somit bleibt auch im Bereich der Sexualität das Altern eine spannende und bereichernde Angelegenheit.

Steckbrief Sexualität

Was ist Sexualität? Unsere Aussagen lassen sich in sieben Punkten zusammenfassen.

1 Unsere Sexualität ist einerseits eine uns von Natur aus mitgegebene Kraft (Energie). Man darf allerdings nicht übersehen, dass diese Kraft mannigfaltig durch soziale und kulturelle Faktoren geprägt, gestaltet und kanalisiert wird: Familie, Bildung, Beruf, Freundeskreis, Medien, sozialer Status ... Schließlich aber bleiben wir auch in unserer Sexualität – teilweise wenigstens – freie Menschen. Unsere Sexualität ist uns überantwortet, damit wir sie in individueller Weise jeweils neu erfinden und gestalten.

2 Die Kraft der Sexualität spielt hinein in das Leben eines jeden Menschen – und zwar von seiner Geburt an bis zu seinem Tod. Niemand hat somit das Recht, Kindern, Alten, Kranken, Behinderten, zölibatär lebenden Menschen ihre Sexualität abzusprechen. Andererseits steht fest, dass unsere Sexualität verschiedene Ausdrucksformen findet. Diese ändern sich je nach Alter, Gesundheit, Lebenslage, Anschauung und tragen unseren physischen, seelischen oder sozialen Gegebenheiten Rechnung.

3 Es geht nicht an, die Sexualität insgesamt auf ihre unterschiedlichen Ausdrucksformen zu verkürzen. Sehr oft übrigens werden Sexualität und Genitalität miteinander verwechselt (Genitalität bezieht sich ausschließlich auf die Aktivität der Geschlechtsteile). Selbst im Rahmen einer geglückten Ehebeziehung wird die Sexualität verschiedene Ausdrucksformen finden.

Wer Geschlechtsver-
kehr an manchen Ta-
gen ablehnt, ist des-
wegen nicht »asexu-
ell«, sexualfeindlich
oder gar impotent
bzw. frigide.

4 Unsere Sexuali-
tät umfasst unsere
ganze Person, so wie
übrigens auch unsere
gesamte Persönlich-
keit unsere Sexualität
wesentlich mitprägt.
Richtig ist auch, dass
unsere Sexualenergie
– teilweise zumindest
– in viele andere Le-
bensbereiche hinein-
spielt: Kindererzie-
hung, Gestaltung des
Familienlebens, Be-
ruf, Hobbys, soziale
und kulturelle Engagements ...

Negativ zu bewerten ist die Verdrängung der Sexualität. Sie fördert
Unsicherheit, Angst und neurotische (krankhafte) Verklemmung.

5 Die Sexualität eines Menschen kann zu keinem Zeitpunkt als eine
definitiv abgesicherte Errungenschaft angesehen werden. Die Gestaltung unserer Sexualität fordert uns immer wieder zur Auseinandersetzung mit uns selbst und mit unseren Mitmenschen heraus.

6 Unsere Sexualität ist nie neutral. Sie ist jeweils gekoppelt an Gefühle, an Erwartungen, an Normen und Werte. So auch ist es offensichtlich, dass Menschen im Bereich ihrer Sexualität einander sowohl bereichern und beglücken als auch demütigen und verletzen können.

7 In ihrer Sexualität möchten Menschen glücklich werden: Geborgenheit und Anerkennung finden, Freude und Lust erleben, Liebe ausdrücken, das Leben in seinen vielfältigen Formen neu schenken.

Von der Lust

Lust ist ein Lied der Freiheit,
Doch sie ist keine Freiheit.
Sie ist die Blütezeit eurer Begehren,
Doch sie ist nicht deren Frucht.
Sie ist eine Tiefe, die eine Höhe anruft,
Doch sie ist weder tief noch hoch.
Sie ist das im Käfig Gefangene, das hinausfliegt,
Doch das Raumumfassende ist sie nicht.
Wahrlich ich sage euch:
Lust ist ein Lied der Freiheit,
Und ich möchte es euch gerne singen hören,
Aus vollem Herzen;
Doch möchte ich nicht,
Dass ihr beim Singen euer Herz verlört.

Kahlil Gibran

Liebe, Lust und Zärtlichkeit

Liebe ist in jedem Alter eines der aufregendsten menschlichen Abenteuer. Verliebte Frauen und Männer »blühen auf«, sind fröhlich und freundlich, trauen sich etwas zu und strahlen Optimismus aus.

Die Liebe verzaubert Menschen, verwandelt den Frosch in einen strahlenden Prinzen, lässt Aschenputtel zur wunderschönen Fee werden. Die Liebe inspiriert seit jeher Schriftsteller, Sänger, Dichter, Maler, Komponisten, Tänzer und andere Artisten. Philosophen, Theologen und andere Denker haben darüber Tausende von Büchern verfasst. Dazu gibt es zahllose Liebeszitate von Prominenten jeder Couleur. Ein kleiner Tipp: Es lohnt sich zu sammeln – die anspruchsvollsten Liebesfotos, die schönsten Zitate, die romantischsten Gedichte, die besten Liebeslieder ...

Natürlich geht es uns hier um *die* Liebe. Nicht gemeint sind unsere liebevollen und gewiss auch zärtlichen Beziehungen zu Kindern, Eltern, Geschwistern, Großeltern, Haustieren, Freunden, Kumpels ... Es geht um die Beziehungen, bei denen die Partner sich Sex wünschen. Beide Partner empfinden, dass das sexuelle und genitale Miteinander ihre Liebe am schönsten ausdrückt, sie aber auch bereichert und vertieft.

Entscheidung

In ihrer Liebe zueinander entscheiden sich zwei Menschen füreinander. Sie haben sich ausgesucht, ausgewählt – unter Hunderten von anderen potenziellen Partnern oder Partnerinnen. Wer auserwählt wird, weiß: »Zumindest in den Augen und im Herzen meines Partners gelte ich als besonders schön, attraktiv, kostbar und wertvoll. Für ihn bin ich einmalig!« Es ist dies ein herrliches Geschenk. Geliebt zu werden steigert und festigt das eigene Ich-Gefühl, das eigene Selbstwertgefühl.

Die Liebe setzt selbstverständlich eine beidseitige bejahende Entscheidung voraus: »Ich liebe dich und du liebst mich. Wir entscheiden uns füreinander!« Liebende machten sich in früheren Zeiten einen formvollendeten Antrag. Heute ist der Stil weniger blumig, aber der gegenseitige Respekt erfordert doch, dass frau oder man ausspricht: »Ich mag dich. Ich möchte mit dir gehen. Willst du?«

Übrigens erfordern solche »banalen« Worte häufig viel Mut. Jeder Antrag ist an ein Risiko gekoppelt: der/die Geliebte sagt Nein, weist ab, belächelt das Angebot. Wer Anträge wagt, muss mit einer Absage auskommen können (einen »Korb« bekommen). Übrigens müssen solche Körbe nicht definitiv gelten. Manchmal braucht der Partner Zeit; er/sie ist noch nicht so weit, er/sie ist sich noch nicht sicher, möchte die Entscheidung reifen lassen.

Gewalt, Überrumplung, Verführung, Erpressung und sonstige Manöver, die vollendete Tatsachen schaffen sollen, korrumpieren die Liebe und machen frohe Perspektiven zunichte.

Dialog

Dialog ist das Gespräch zweier Menschen. In der Liebe sind Worte unverzichtbar.

> **Worte,** die Liebende aussprechen und die sie anhören.
> **Worte,** die Bedürfnisse und Wünsche anmelden.
> **Worte,** die anfragen, die bejahen und die auch absagen.
> **Worte,** die Freuden, aber auch Ängste ansprechen.
> **Worte,** die Spannungen verdeutlichen und Konflikte verarbeiten.
> **Worte,** die Brücken schlagen und Frieden stiften.
> **Worte,** die Berührungen begleiten, zulassen und deuten.
> **Worte,** die Erinnerungen festhalten und Perspektiven erschließen.
> **Worte,** die Menschen beflügeln und über sich selbst hinauswachsen lassen.

Worte und Gesten sind in der Liebe wie die beiden Seiten einer Münze. Worte deuten die Gesten. Liebende, die miteinander schmusen, reden einander liebevoll zu: »Ich liebe dich! Es ist toll, dich zu entdecken! Ich freue mich! Schön, dass es dich gibt!«

In einer Atmosphäre der Sprachlosigkeit verkümmern die Gefühle, wachsen Unsicherheit und Angst, mehren sich die Spannungen, wuchern Zweifel und Misstrauen. Im schlimmsten Fall mündet Sprachlosigkeit in Willkür und Gewalt.

Zärtlichkeit

Die Liebe begehrt körperliche Gesten, Berührungen, Kontakte. Die Haut wird dabei zur äußerst sensiblen Liebesantenne. Berühren, tasten, streicheln, küssen, schnuppern, lecken, schmecken – Gesten, die wunderschöne Empfindungen schenken: warm, geborgen, wohlig, prickelnd, romantisch, erregt, lustvoll ...

Zärtlichkeit gelingt, wo verliebte Menschen sie als spielerisch gestalten, einander immer neu entdecken, kreativ und fantasievoll vorgehen, auf sich selbst hören, dabei die Wünsche des Partners respektieren. Der Geschlechtsverkehr kann zum freudigen und lustvollen Höhepunkt werden, wenn beide Partner dies wünschen.

Die Zärtlichkeit ist »gratis«. Sie bleibt ein Geschenk, um das sich die Partner bemühen, das sie aber keineswegs zu erzwingen vermögen. Sexualtechniken, Pornografie, Alkohol und Drogen sind Krücken, die bestenfalls schale Eroberungen ermöglichen, in aller Regel aber an der beglückenden Erfüllung des Liebesabenteuers vorbeiführen.

Die Zärtlichkeit als Liebesspiel kennt Grenzen: mangelnde Verfügbarkeit, Müdigkeit, Stress, schlechte Laune, Unwohlsein, Krankheit. Auch muss man/frau in einer Beziehung einander die nötige Zeit lassen. Jede/r hat dabei einen ganz eigenen Rhythmus. Wer sich dabei überrumpelt fühlt, wird weder Spaß haben noch Vertrauen aufbauen.

Leidenschaft

Im Höhepunkt ihres Liebesspiels machen Menschen außergewöhnliche Erfahrungen. Gefühle und Empfindungen sind gelegentlich so intensiv, so dicht, dass Liebende sich ent-rückt oder gar ver-rückt vorkommen. Sie rasen, zucken, schäumen, schreien, explodieren, platzen aus sich selbst heraus. Menschen sind regelrecht in Ekstase, verlieren gewissermaßen den Verstand. Danach ist man oder frau erschöpft, geschafft, aber auch körperlich und seelisch erfüllt, beglückt und selig.

Intensive Leidenschaft können nur Menschen erfahren, die innerlich frei genug sind, sich im Liebesspiel wortwörtlich gehen zu lassen. Wer Angst empfindet, wer seelisch schlimm verletzt wurde, wer seine Mitte verloren hat, wer an sich selbst zweifelt, sich nicht selbst wertschätzt, schafft es nicht, sich fallen zu lassen, sich zu verlieren, sich zu ver-rücken.

Leidenschaft setzt Vertrauen voraus: »Ich weiß, ich darf mich dir hingeben, mich dir ausliefern. Du wirst mich achten, mich nicht missbrauchen!«

Wohl-Wollen

Liebende Menschen fühlen sich füreinander verantwortlich: »Ich möchte, dass es dir gut geht, dass du keinen Schaden nimmst, dass du wachsen kannst!« Man hilft und unterstützt einander, achtet einander, gestaltet Dinge gemeinsam, teilt miteinander. Liebende sind bereit, füreinander Verzichte zu leisten, einander zu motivieren, einander zu trösten.

> *»Ich liebe dich« bedeutet auch:*
> *Ich bin da, wenn du mich brauchst.*
> *Ich sehe und achte deine Interessen.*
> *Ich handle zu deinem Vorteil.*
> *Ich verteidige dich, wo man dich bedroht oder angreift.*
> *Ich bürge für deinen guten Namen.*
> *Ich bin bereit, für dich zurückzustehen.*

Doch auch das Wohl-Wollen kann zu viel werden. Das Maß der Nächstenliebe ist die Selbstliebe, die Selbstachtung. Liebende sind keine Märtyrer, die sich aufopfern oder sich selbst verleugnen müssten. Die Haltung des Wohl-Wollens begründet ein gegenseitiges Geben und Nehmen, Schenken und Sich-beschenken-Lassen. Schön, wenn Menschen sich dabei zu öffnen vermögen, ohne zu rechnen, ohne sich zu kasteien, ohne sich aneinander festzuklammern.

Gemeinsames Engagement

In der Liebe leben Menschen auf. Doch Liebende möchten auch Leben schenken. Damit sind sicher nicht nur Kinder gemeint, die viele Paare sich wünschen. Es gibt viele Arten, zusammen Neues zu schaffen und zu gestalten: singen, tanzen, musizieren, Kinderferien mit ausrichten, Spenden für wohltätige Zwecke sammeln, Blumenbeete anlegen, herrenlose Tiere pflegen, Einsame besuchen, Streitschlichter werden, Freundschaften pflegen ...

Gemeinsame Pläne und Aktivitäten bereichern die Beziehung, führen ihr gewissermaßen den Sauerstoff zu, den sie braucht, um nicht an sich selbst zu erlöschen. Ein Risiko unserer Zeit besteht darin, dass Paare das gemeinsame Handeln auf den passiven Konsum verkürzen und Kreativität mit Kaufkraft verwechseln. Natürlich möchten Verliebte zusammen Spaß haben; doch verarmt die Bindung rasch, wenn sie ausschließlich auf oberflächliche Vergnügen hin ausgerichtet bleibt.

Zeitperspektive

Liebe entwickelt sich in der Zeit, sie hat Wurzeln im Gestern, belebt und genießt das Heute, freut sich auf das Morgen. Liebende Menschen horten gemeinsame Erinnerungen wie kostbare Schätze: Fotos, Briefe, Geschenke, Erzählungen (»Weißt du noch, wie wir damals ...«). Liebende schmieden Pläne für die nahe und die ferne Zukunft. Liebe kennt viele beglückende Momentaufnahmen, die sich aber in ein Ganzes, in eine Liebesgeschichte, einfügen.

Diese Geschichte beginnt in aller Form dann, wenn Liebende einander ihr Wort geben. »Ich und du, wir gehören von nun an zusammen!« Natürlich hat das meist eine mehr oder weniger lange Vorgeschichte: Kindheitserinnerungen, gemeinsame Interessen, Verliebtheit, Träume, Sehnsüchte, Zeit des Wartens oder des Zögerns, Zeit des Umwerbens und der Entscheidung ...

In jeder echten Liebesgeschichte gilt der Anspruch auf Unendlichkeit. »So wie heute, hier und jetzt möchte ich auf ewig mit dir glücklich sein!« Doch bleiben auch die tollsten Liebesgeschichten geprägt durch Fehler und Schwächen, Frust und Enttäuschungen, Routine und Versagen. Dabei lebt frau oder man sich auseinander, der Charme blättert ab, das Spiel verliert seine Anziehungskraft. Viele Paare reagieren mit Beziehungsabbruch. Manche meinen sogar, den anstehenden Liebeskummer zu kurieren, indem sie rasch neue Beziehungen eingehen.

Liebe ist selten statisch. Sie bleibt nur erhalten, wo die Liebenden ihre Beziehung weiterentwickeln, sie neu gestalten, sie kreativ beleben. Wer meint, seinen Partner zu »besitzen«, die Beziehung »fest im Griff zu haben«, darin nun nicht mehr investieren zu müssen, ist dabei, alles zu verlieren. Treue meint das Bemühen und das Werben umeinander – besonders auch in Phasen, die schwieriger sind: Spannungen, Unsicherheit, Zweifel, Streit, Enttäuschungen, Schmerz. Allerdings hat auch Treue nur dort Chancen, wo beide Partner sich ihr verpflichten.

Einsamkeit

Liebe darf nicht zur Fessel werden, die zwei Menschen aneinanderkettet. Unsere persönliche Attraktivität beruht auf unserer Einmaligkeit, unserer Originalität. Jeder von uns bleibt nur so lange liebenswert, charmant, begehrenswert, wie er die eigene Identität in Freiheit pflegen darf. Dazu gehören seine Wurzeln, seine Familiengeschichte, sein Wesen, seine Talente, seine Ansprüche, seine Werte, sein Glauben. Dazu zählen auch seine Grenzen, seine Sorgen, seine Gefühle, seine Schrullen, seine krumme Nase oder sein eigenartiges Grinsen.

»Ich möchte ich selber bleiben! Ich verzichte ebenfalls darauf, dich nach meinem Bild umziehen zu wollen.« Dieses Wort, das Liebende einander schenken, bedeutet, dass gelegentlich Einsamkeit zum unverzichtbaren Bestandteil einer erfüllenden Zweisamkeit wird. Auch in der Liebe braucht jeder von uns Zeit für sich selbst: in sich selbst hineinhor-

chen, vor sich hinträumen, sich verwöhnen, an sich arbeiten, seine Prioritäten neu festlegen ... »Mein geheimer Garten« (mon jardin secret), sagen die Franzosen. Sie meinen damit einen Teil unseres Ichs, das uns
von anderen trennt, uns aber gleichzeitig in ihren Augen faszinierend und
schillernd werden lässt.

In der Liebe sind Balancekünstler gefragt, die sich um das rechte
Gleichgewicht bemühen zwischen Nähe und Distanz, Festhalten und
Loslassen, Teilen und Behalten.

Entscheidung – Dialog – Zärtlichkeit – Leidenschaft – Wohl-Wollen – Gemeinsames Engagement – Zeitperspektive – Originalität und Einsamkeit:
Wir, die Autoren, erheben damit keineswegs den Anspruch, der Liebe in
ihrer farbigen und vielseitigen Pracht gerecht zu werden. Wichtige Begriffe haben wir nicht oder nur kaum angesprochen: Freude – Partnerschaft –
Vertrauen – Beziehungskummer – Verwandte und Freunde – Einfluss der
Clique – Spiritualität ... Manches davon wird in den weiteren Kapiteln the-
matisiert werden.

Welche der genannten Aspekte sind wichtiger als andere? Sie alle bilden ein Ganzes, greifen ineinander, bedingen einander, relativieren einander. Sie sind alle gleichermaßen unverzichtbar. Wer Liebe auf einen
der genannten Punkte verkürzen wollte, würde rasch vorbeisteuern an ihrer reichsten Frucht: dem menschlichen Glück!

Partnerschaft
und Beziehung

Partnerschaft heißt: sich mit anderen verbinden, nicht mehr alleine dastehen, gemeinsam entscheiden und handeln. Partnerschaften gehen wir in vielen Bereichen ein: in der Schulklasse, der Fahrgemeinschaft, dem Fußballteam, der Tanzgruppe, im Berufsleben, bei festen Freundschaften, aber auch in der Liebe.

Mit dem Begriff Partnerschaft verbinden wir einen zweiten sehr wesentlichen Aspekt: die Gleichwertigkeit der Partner. Partner sind weder Untergebene noch Herrscher, weder kindliche Schwächlinge noch väterlich-mütterliche Beschützer, weder Opfer noch Täter. Partner haben gleiche Rechte und Pflichten und wissen um ihre Mitverantwortung.

Natürlich geht es uns hier um eine besondere Form der Partnerschaft: die partnerschaftliche Bindung zwischen zwei liebenden Menschen. Es ist aber gewiss lohnend zu überprüfen, inwieweit unsere Thesen auch in anderen Bereichen gelten: Freundschaft, Arbeitsteam, Clique, Sportverein, Klasse, Familie ...

Verfügbarkeit

Eine Partnerschaft bleibt lebendig, interessant, attraktiv, wenn sie sich weiterentwickeln kann, wenn sie offen bleibt. Liebende, die ihre Beziehung unveränderlich reglementieren möchten, ersticken sie in einem rigiden Korsett.

Wir Menschen tendieren dahin, uns »Sicherheiten« zu schaffen. Auf der einen Seite hassen wir die feste Routine, zum anderen ist sie vertraut und bequem. Alles Neue beschert Unruhe, verunsichert und ängstigt. Manche Paare (jeden Alters) zimmern sich ein inneres Bild ihrer Beziehung. Sie geben sich der gefährlichen Illusion hin, zumindest dieser Bereich sei abgesichert, man könne darauf bauen, ohne sich weiter darum zu bemühen.

Partnerschaft fordert, dass beide Liebende beständig darin investieren: Zeit, Zuneigung, Dialog, Streit, Geduld, Dinge miteinander aushandeln, sich zusammen engagieren, Verantwortung gemeinsam tragen ...

Zeit schenken ist ein wichtiger Aspekt der Verfügbarkeit. Zeit hat nur, wer sich auch Zeit nimmt. »Wofür nehme ich mir Zeit? Was sind meine Prioritäten?« Wenn Sport, Wagen, Clique, Vereine und Hobbys dabei immer wieder vorgehen, dann weiß mein Partner, dass mir unsere Beziehung nur wenig wert ist.

Besonders Männer glauben gelegentlich, die »Beziehungskiste« sei Frauensache. Im partnerschaftlichen Modell sind beide gefordert. Ansonsten brennen Beziehungen rasch aus, sie versanden, werden öd und leer.

Selbstwertgefühl

Sich selber mögen, sich lieben, sich wertschätzen, zu seiner Mitte finden, ausgeglichen sein, sein Leben bejahen: All dies fasst der Begriff Selbstwertgefühl zusammen. In manchen Beziehungen suchen und finden sich sehr gegensätzliche Menschen: Egozentriker und Mauerblümchen, Geizkragen und Verschleuderer, Dauerredner und stilles Wasser ... In vielen Situationen mögen sich Gegensätze in sehr bereichernder Art ergänzen. Der Partner kompensiert eigene Schwachstellen; erst in der Partnerschaft wächst frau oder man zur eigentlichen Größe.

Allerdings bergen solche Beziehungen auch ein Risiko. Auf beiden Seiten werden die vorhandenen Verhaltensmuster nicht aufgebrochen, sondern gefestigt. Opfernaturen lernen nicht, sich auch mal durchzusetzen. In der Bindung stoßen sie auf den Tätertyp, dem sie sich bedingungslos unterwerfen.

Die Selbstliebe ist eine wichtige Voraussetzung für das Gelingen von Partnerschaft:

- sich selbst gut leiden können
- die eigene Identität pflegen (wer und was bin ich?)
- sich fordern lassen
- sich verwöhnen können
- Bedürfnisse und Wünsche anmelden
- Absagen geben und begründen (lernen, Nein zu sagen)
- Absagen annehmen und respektieren (mit einem Nein fertig werden)
- festhalten und loslassen können
- sich nicht erpressen lassen
- Spannungen aushalten
- streiten lernen ...

Kompetente Partner sind Menschen, die auch Einsamkeit aufsuchen und aushalten. In den Zeiten des Alleinseins finden Menschen zu sich selbst. Sie haben die Muße, das zu pflegen, was sie auszeichnet und attraktiv macht. Menschen, die Einsamkeit nicht ertragen, sind gewissermaßen »süchtig«. Sie sind von anderen abhängig, werden somit auch gefühlsmäßig erpressbar. Um nicht verlassen zu werden, sind sie zu vielen gefährlichen Zugeständnissen bereit.

Die Selbstliebe erlernt man in der Familie, in der Schule, am Arbeitsplatz, in der Clique der Freunde ... Manche haben diesen Lernprozess verpasst. Häufig sind das Menschen mit seelischen Wunden. Sie hoffen – manchmal verzweifelt –, solches Leiden in immer neuen Beziehungen »auskurieren« zu können. In Wirklichkeit erleben sie das Gegenteil. Sie ziehen fast magisch Menschen an, die ihre eigene emotionale Unreife mit umgekehrten Vorzeichen ausleben: beherrschen, ausbeuten, erpressen, demütigen, schlagen.

Macht, Vertrauen und Freiheit

Der Begriff »Macht« leitet sich ab von dem Verb »machen«. Ein Mensch, der viel zu machen vermag, ist mächtig. Unsere Macht ist gekoppelt an unsere Talente, unseren Einfluss, unsere Beziehungen, unsere Mittel ...

Liebe hat mit Macht zu tun. Gleichzeitig werden wir in der Liebe »vollmächtig« und auch »ohnmächtig«. Wir gewinnen Einfluss über unseren Liebespartner, liefern uns ihm oder ihr aber auch gleichzeitig aus. Im Namen der Liebe erwarten und geben wir, fordern und gestalten wir, handeln und unterlassen wir.

Liebe und Partnerschaft führen zu wichtigen Zugeständnissen:

> *»Weil ich dich liebe ...*
> *... stehe ich zeitiger auf,*
> *... kaufe ich mir neue Klamotten,*
> *... besuche ich deine Eltern,*
> *... komme ich mit zum Fußballspiel,*
> *... setze ich mich mit meinen Gefühlen auseinander,*
> *... öffne ich mich dir und zeige dir, wie es um mich steht.«*

Diese Bereitschaft setzt ein großes Vertrauen voraus: »Du wirst die Macht über mich nicht zu meinem Schaden missbrauchen! Du respektierst meine Identität, meine Integrität.«

Ein Mensch wird sich fremd, wenn er nicht mehr er selbst sein darf. Wir bleiben nur liebenswert, wenn wir unsere Eigenart erhalten und pflegen dürfen. Allerdings wirken wir – in unserer Eigenart oder Einmaligkeit – gelegentlich auf andere »eigenartig«: befremdend, seltsam, beunruhigend, ver-rückt ... Wir ziehen uns gegenseitig an, weil wir »anders« sind. Zugleich aber beunruhigt und verängstigt uns das Anderssein, die Eigenart, die Einmaligkeit unserer Partner. Aus diesem Grund tendieren wir dazu, unsere Liebesmacht einzusetzen, um den anderen oder die andere nach unserem eigenen Bild umzuformen.

Wer seine Freiräume im Namen der Liebe opfert, verliert seinen Charme, seine Attraktivität, seine Einmaligkeit. Wer sich den Liebespartner zurechtbiegt, findet ihn rasch langweilig und uninteressant. Echte Partnerschaft bedingt Freiheit und Souveränität (über sich selbst bestimmen) auf der einen Seite, Loyalität und Respekt andererseits. »Ich darf Ich bleiben. Ich engagiere mich, damit Du Du sein kannst!«

Die Liebe gesteht Menschen gegenseitig Macht übereinander zu. In einer partnerschaftlichen Beziehung wird diese aber herrschaftsfrei und respektvoll gestaltet.

Gerechte Lastenaufteilung

Partnerschaft fordert, dass anfallende Arbeiten, Pflichten und Bürden gerecht aufgeteilt werden. Bei Paaren, die zusammenwohnen, wird der Haushalt dabei zum Paradebeispiel.

Wenn beide Partner beruflich außerhalb der Wohnung engagiert sind, dann gibt es keine einleuchtenden Argumente dafür, dass eine/r auch nur den Hauptanteil davon übernimmt.

Auch stützt kein ernst zu nehmendes Motiv die noch häufig verbreitete Behauptung, Bügeln, Abwasch und Putzen seien Frauensache. Unser jeweiliges Geschlecht definiert keineswegs unsere Kompetenz oder unsere Unfähigkeit, Rechnungen zu bezahlen, den Hund auszuführen, den Rasen zu mähen, die Toilette zu reinigen, das Gemüse zu putzen oder die Mülltonne in den Keller zu schieben.

Gemeinsam Dinge erledigen macht Spaß. Es bietet die Chance, ungestört miteinander zu reden. Frau oder man kann voneinander lernen und sich zusammen über den Erfolg freuen: die gemütliche Gartennische, die sauber eingeräumte Wäsche, der appetitliche Kuchen, der bunt geschmückte Tisch ...

Es geht dabei allerdings nicht nur um den Haushalt, sondern um unzählige Aufgaben, für die in der Partnerschaft beide Liebende Verantwortung tragen:

- nach der Party sicher nach Hause fahren
- familiale Kontakte pflegen
- das Familienbudget aufstellen
- ungewollte Schwangerschaften verhüten
- Geschenke für gemeinsame Freunde besorgen
- eine Party ausrichten ...

Offenheit und Respekt

In vielen Situationen des gesellschaftlichen Lebens tragen Menschen Masken: Sie verbergen dahinter ihre Empfindungen, Gefühle oder Bedürfnisse. Sie bauen schützende Fassaden auf. Sie haben Angst, sie würden sich preisgeben, sich ausliefern. Offenheit gilt als gefahrvolles Risiko. Wer sich zeigt, wie er ist, verrät Stärken und Schwächen, Sorgen und Ängste. Wer sich so entblößt, wird angreifbar und verletzbar.

In der Außenwelt mögen Masken- und Fassadenstrategien gelegentlich sinnvoll sein. In der Partnerschaft wirken sie sich lähmend aus. Sie schaffen ein Klima der Distanz, der gegenseitigen Vorbehalte und des Misstrauens. Sie verhindern Zuneigung und Hingabe.

Als bedrohliche Bremsklötze erweisen sich auch Geheimnisse, die Partner voreinander haben: traumatische Kindheitserfahrungen, beschämende Vorfälle in der eigenen Familie, Wortbrüche, Treulosigkeit, Schwierigkeiten auf dem Arbeitsplatz, Alkohol- oder Drogenprobleme ... Wer dem geliebten Partner wichtige Dinge vorenthält, ihn somit »betrügt«, erinnert an Gefangene aus Comics, die an schwere Eisenkugeln gekettet sind. Wer solche geheimen Lasten mit sich herumschleppt, ist schwer befangen.

Zudem ist die Frage berechtigt, inwiefern man geliebte Partner überhaupt zu täuschen vermag. Liebende sind effiziente Lügendetektoren, weil sie einander gut kennen, weil sie einander mit allen Sinnen aufnehmen, weil sie die verborgene Eisenkugel ahnen und an ihrer Last mitschleppen.

Wer Geheimnisse hat, rechtfertigt sich häufig damit, dass er die Beziehung nicht unnütz belasten und den Partner schonen möchte. Der Partner ahnt die Täuschung und beginnt zu zweifeln. Wie gravierend muss gegebenenfalls ein Fehltritt sein, dass der oder die Geliebte ihn verheimlichen muss? Warum hat er oder sie so wenig Zutrauen? Offenheit wirkt befreiend und entlastend. Zudem ist die Wahrheit in aller Regel leichter zu ertragen als geheime Ahnungen. Es gilt das Prinzip: Wer vor der Gefahr (der Wahrheit) flieht, kommt darin um (erstickt an seinen Lügen).

Die Voraussetzung für Offenheit ist Respekt. Niemand ist vollkommen, auch liebende Partner nicht. Partner wissen gegenseitig um ihre geheimsten Schwächen und Nachteile. Beide haben sie die Achillesferse des Partners entdeckt, wissen bestens, wo sie oder er reizbar, zerbrechlich, verletzbar ist. Respektvoll handelt, wer solches Wissen nicht missbraucht, wer den Partner schützt und absichert.

Rituale

Liebende Partner erfinden gemeinsame Rituale, regelmäßig wiederholte Worte und Gesten: der Begrüßungskuss, die Art, sich aneinanderzukuscheln, der Austausch gemeinsamer Erinnerungen, ein bestimmtes Lied, liebevolle Neckereien, ein bestimmter Spazierweg, der sonntägliche Kinobesuch, das gemeinsame Glas Wein ... Rituale schaffen eine Atmosphäre der Sicherheit und der Geborgenheit. Sie vermitteln Vertraulichkeit und grenzen Liebende gegenüber ihrem Umfeld ab. Rituale drücken Bindungen aus, helfen dabei, ihren Sinn zu erfassen und sie richtig zu deuten.

Loblied
der Partnerschaft

Wenn zwei zusammen schlafen,
wärmt einer den andern;
einer allein – wie soll er warm werden?
Und wenn jemand einen Einzelnen
auch überwältigt,
zwei sind ihm gewachsen
und eine dreifache Schnur
reißt nicht so schnell.

Buch Kohelet 4,11–12

Liebeskummer

Die Liebe ist eine launische Fee. Sie verzaubert und wirft nieder, sie beschert süße und bittere Erfahrungen, sie lässt Menschen den Himmel erahnen und die Hölle durchlaufen.

Lehrer, Erzieher oder Gruppenleiter wissen, dass bei Jugendlichen das Thema Liebeskummer ein Dauerbrenner ist. Frau oder man ver-liebt und ent-liebt sich. Beides ist »dramatisch«, bleibt – gottlob – gekoppelt an intensive Gefühle. Mit ihren Jugendlichen erleben Erzieher hautnah das Wechselbad von himmelhochjauchzendem Glück und bodenloser Verzweiflung. Erwachsene mögen lächeln, doch ernst ist die Sache allemal; gute Tröster sind gefragt.

Auf zehn Heiraten kommen im kleinen Luxemburg über fünf Scheidungen. Ungezählte Paare mit oder ohne Trauschein wählen den Weg der Trennung. Ihre gegenseitige Liebe begründete einmal ihre Entscheidung, sich zu »vereinen«, miteinander zu wohnen und – zumindest für eine Zeit – eine neue Lebensgemeinschaft zu bilden. Die Trennung bestätigt das Scheitern des gemeinsamen Lebens- und Liebesplans. Wegen der Liebe, an der beide nun zu zerbrechen drohen, ziehen beide gemeinsam oder einer der Partner einen Schlussstrich. Die Trennungen und Scheidungen von Verwandten und Freunden lehren uns, wie tief meistens solche Erfahrungen Menschen berühren, aufwühlen und auch verletzen.

Tiefes Leid erfahren Frauen und Männer, die ihre Partnerin oder ihren Partner durch den Tod verlieren. Da Frauen durchschnittlich eine längere Lebenserwartung haben, trifft sie dieses Schicksal statistisch häufiger als Männer. Betroffen sind auch heute nicht nur betagte Menschen, sondern Liebende jeden Alters: Unfälle, Krankheiten, Abhängigkeit von Alkohol oder Drogen, Suizide. Der Tod hat viele Gesichter, kündigt sich an, wird erwartet, manchmal als gnädige Erlösung gewünscht oder schlägt unbarmherzig zu wie ein Blitz aus heiterem Himmel. Für die überlebenden Partner bricht häufig eine Welt zusammen: auf einen Schlag oder erst nach und nach. Sie werden von heftigen Emotionen gerüttelt, die sie oft allein nicht in den Griff bekommen: Not und Angst, Verlassenheit und Wut, Einsamkeit und Schuld.

Bleibt – und das wohl in jeder Partnerschaft – der »kleine« Liebeskummer: die schleichenden Zweifel, die heimlichen Ängste, die gelegentliche Leere, die nagenden Sorgen, die kleinlichen Verletzungen, die entzaubernden Enttäuschungen oder die schmerzenden Narben. Für die meisten Paare, die über die Flittermonate hinaus zusammenbleiben, gilt die ernüchternde Erkenntnis: Auch der Liebesalltag ist letztlich »grau«.

Götter, die sich die Flügel verletzen

Die Liebe lässt uns Gott in uns entdecken. Sie eröffnet uns den Himmel tiefster Erfüllung und vollkommener Glückseligkeit. Liebe beflügelt und erhöht uns. Mit den Antennen unserer Sinnlichkeit gestalten wir diese Erfahrung nicht nur rational und intellektuell, sondern in der Einheit von Körper und Geist.

Liebe schenkt den Himmel – allerdings (vorerst) hier auf Erden! Für uns alle ist es manchmal nur ein kleiner Schritt zwischen »Gott in sich spüren« und »sich selbst göttlich wähnen«. Wer dabei »abhebt«, übersieht gerne die Stolpersteine der irdischen Pfade. »Ehen werden im Himmel geschlossen, aber auf Erden gelebt!« – so ein altes Sprichwort, das Verliebte gemahnt, in ihrer Beziehung gewissermaßen den Himmel zu erden. Die Liebe kann uns zu fernen Horizonten tragen. Wir spüren Gott, bleiben aber Menschen mit verletzbaren Flügeln. Die Liebe ist weder weiß noch schwarz! Also grau? Besser: wie der schillernde Regenbogen mit seiner Farbenpracht – traurig, heiter, aufgewühlt, gelassen, enttäuscht, dynamisch, einfach und froh.

Alles oder nichts!

Liebe – oder besser gesagt: Verliebtheit – schürt das Feuer unserer Ansprüche. Wir erhoffen und erwarten reichste Gaben. Dabei laufen wir schnell Gefahr, uns selbst, den Partner oder die Partnerin sowie die Beziehung heillos zu überfordern.

Das passiert wohl jedem von uns: Für unsere Zuneigung hat der oder die Geliebte einen hohen Preis zu zahlen – sich unserem Bild entsprechend verhalten oder »umerziehen« lassen, sich anpassen, sich uneigennützig verschenken, vieles leisten, was wir selbst nicht schaffen, uns verwöhnen und beglücken. Wir lieben, geben vor zu lieben, weil wir rückhaltlos geliebt werden wollen.

Je schwächer und je angeschlagener Menschen sind, umso mehr tendieren sie dazu, andere und vor allem auch die gemeinsamen Beziehungen zu idealisieren. Die Liebe wird zum Glückstraum, der einer tiefen Sehnsucht entspricht, der aber in kein reales und realistisches Engagement mündet. Besonders für glücklose und unglückliche Menschen, bei Frauen und Männern mit seelischen Wunden, wird Liebe häufig ungewollt und unbewusst zum Selbstbetrug. Doch seien wir ehrlich: Erliegen wir nicht alle gelegentlich diesem Spiel der Liebesgaukler, bei dem wir anderen und uns selbst etwas vormachen? Viele Enttäuschte sind in Wirklichkeit »Selbsttäuscher«. Mit ihren unrealistischen Erwartungen haben sie sich und auch andere ge-täuscht, an der Nase herumgeführt.

In der Liebe werden enttäuschte Illusionisten gelegentlich zu rigiden und unbarmherzigen Fundamentalisten. Ihre Devise lautet: Alles oder nichts! Sie vermögen nicht, ihre Erwartungen zurückzuschrauben. Sie akzeptieren keinen Kompromiss und steuern somit von einer Beziehungspleite in die nächste.

Seitensprünge

Für viele Paare bleibt die sexuelle Treue ein maßgebliches Merkmal ihrer Beziehung. Sie wird zum Anspruch, dem sich beide fest verpflichtet wissen.

Sexuelle Untreue ist häufig das Symptom eines weitaus tieferen Übels, an dem die Beziehung leidet: Lieblosigkeit, gegenseitiges Desinteresse, sexuelle Passivität, mangelnde Kommunikation und Unverständnis. Wer nun allein am Symptom »herumdoktert«, wird das eigentliche Leiden kaum auskurieren.

Sexuelle Treue ist ein kultureller und moralischer Anspruch. Von seiner »natürlichen« Veranlagung her ist jeder von uns offen und bereit, mit vielen Partnern oder Partnerinnen Geschlechtsverkehr zu haben. Wir sind »spontan polygam«. Gewollt und ungewollt, bewusst und unbewusst senden wir vielfältige sexuelle Signale aus und haben dabei parallel unterschiedliche Menschen im Visier. Gleichzeitig empfangen wir ungezählte nonverbale Sexualbotschaften aus dem Umfeld. Treue fordert demnach bewusste und frei eingegangene Verzichte. Ob die gegenseitige Liebe solchen Verzicht braucht, sollte zumindest heute in jeder Partnerschaft ein unumgängliches Gesprächsthema sein.

Viele Frauen und Männer wünschen, ihre Liebesbeziehungen offen zu gestalten, und möchten einander sexuelle Freiheit gewähren. Sie empfinden das Treuegebot als überholte Fessel, mittels derer die Partner sich gegenseitig unterdrücken und in Besitz nehmen. Viele andere Paare bewerten die sexuelle Treue als gegenseitiges Geschenk und als Voraussetzung eines umfassenden Engagements füreinander. Wir Autoren denken, dass es keinem zusteht, bei dieser Debatte vorschnell die Meinung und Haltung anderer abzuwerten. In der Perspektive des christlichen Partnerschaftsideals ist die gegenseitige Treue Ausdruck und Garant einer bedingungs- und vorbehaltlosen Liebe; nur sie entspricht der personalen Würde sowie den tief verankerten menschlichen und spirituellen Ansprüchen beider Partner. Selbst wohlmeinende Kritiker beanstanden, in der Liebe und Partnerschaft würden die Kirchen die Paare mit zu hoch angelegten Idealen glatt überfordern. Wer kann es jungen und alten Paaren in unserer Zeit verdenken, wenn sie in ihren Beziehungen Risiken vorsichtig abschätzen, Vorbehalte geltend machen und sich nicht bedingungslos einander ausliefern? Einmal mehr brauchen Beziehungen souveräne und selbstbewusste Dialogpartner.

Inakzeptabel scheinen uns Autoren bei diesem Thema folgende Haltungen:

- Freiheit und Toleranz einseitig für sich selbst beanspruchen und von der Partnerin oder vom Partner absolute Treue erwarten
- der Doppelmoral huldigen: zu Hause »fromm« daherreden und in der Ferne die Freiheit genießen
- die Schuld für sexuelle Untreue einseitig einem der Partner zuschieben
- Treue und Untreue bei Frauen und Männern unterschiedlich bewerten

Frauen und Männer, die fremdgehen, versuchen oft mit mehr oder weniger Erfolg, dies zu vertuschen. Spätestens dadurch wird das Dreiecksverhältnis zur »verlogenen« Affäre, bei der alle Betroffenen sich betrogen fühlen und entsprechend leiden.

Trennungen schmerzen

Die meisten menschlichen Trennungen sind schmerzliche Schnittpunkte. Es tut weh zu gehen oder zurückzubleiben.

Dabei sind unsere persönlichen Biografien geprägt durch mannigfaltige Erfahrungen des Verlassenwerdens und des Verlassens: Das Baby vermisst die Mutter, Kinder gehen weg zum Pfadfindercamp, junge Erwachsene ziehen bei ihren Eltern aus, Liebende verabschieden sich auf einem Bahnhof, Familien ziehen um, Paare brechen auseinander, Berufskollegen gehen in Pension, Todkranke wechseln über ins Krankenhaus, geliebte Menschen sterben. Manche Trennungen sind eigentlich Abschiede auf Raten. Dabei leben Menschen sich nach und nach auseinander, selbst wenn sie dabei noch über Monate oder Jahre denselben Tisch und dasselbe Bett teilen.

Trennungen schmerzen, weil wir dabei jeweils ein Stück von uns selbst aufgeben und verlieren: Ansprüche, Hoffnungen, Orientierung, Pläne, Perspektiven, Zugehörigkeit, Wurzeln, Aufgaben und Lebenssinn. Wir werden einsamer und desillusionierter, nehmen einstige Träume als »schillernde Seifenblasen« wahr. Trennungen werfen uns aus unserem inneren Gleichgewicht, verursachen Angst und Zweifel. Häufig empfinden beide Partner mehr oder weniger starke Schuldgefühle: Hab ich das Recht, auszuziehen und wegzugehen? Kann ich das Leid verantworten, das ich dadurch auslöse? Wie wird der andere – wie werden wir alle – damit fertig? Wie komme ich klar mit den offenen und latenten Vorwürfen? Wie weit trage ich Schuld an der Misere unserer Beziehung? Habe ich den anderen durch mein Verhalten verjagt?

Wer geht und wer bleibt?

In vielen Trennungen scheinen die Partner zwei oppositionelle Rollen unter sich auszumachen: der/die Verlassende und der/die Verlassene. Der Verlassende ergreift die Initiative, die Beziehung durch sein Gehen zu beenden. Er übernimmt so zugleich auch den Part des Täters, des Schuldigen, dem die Verantwortung für alle Trennungsschmerzen angelastet werden kann (durch Partner/in, Kinder, Eltern und Schwiegereltern, Freunde und Kollegen, Bekannte und Nachbarn). Der Verlassene darf nun die Opferrolle übernehmen: leidend, betrogen, Mitleid erregend.

Es gibt zweifellos Situationen, in denen diese Rollen der Realität entsprechen. Doch häufig ist die Entwicklung weitaus differenzierter. Beide Partner ahnen, empfinden und wissen, dass ihre Beziehung seit langem verflacht. Beide sind enttäuscht auf der Ebene ihrer Erwartungen und Ansprüche. Beide hinterfragen die Wahl des Partners wie auch den Sinn und Bestand der Beziehung. Beide sind hin- und hergerissen zwischen zwei Grundoptionen: beenden und sich trennen oder bleiben und die Beziehung erneuern. Unter Umständen haben beide sich ehrlich bemüht, neu zueinander zu finden, sind allerdings ohne kompetente Hilfe von außen gescheitert. Es ist dies für viele Paare (und ihre Familie) eine spannungsgeladene und zermürbende Zeit.

Therapeuten beobachten, dass der Aufbruch eines Partners auf plakative Art nun das innere Dilemma vordergründig aufhebt. Der Verlassende entscheidet sich für die Option der Trennung und ist überzeugt, somit allen Parteien Gutes zu tun. Er investiert seine Energien einseitig in diese Richtung und versteht nicht im Geringsten, dass andere ihn deswegen verurteilen. Der Verlassene glaubt mit derselben Festigkeit, dass die Beziehung zu retten wäre, wenn nur der Partner es noch einmal mit ihm zusammen angehen könnte. Er mobilisiert hartnäckig seine Ressourcen, um dies zu bewirken.

Wo beide gezögert haben und keinen gemeinsamen Weg finden konnten, ziehen sie nun mit all ihrer Kraft in entgegengesetzte Richtungen. Gelegentlich wirken sie wie verblendet. Liebe, Zuwendung und Fürsorge schlagen häufig um in Verachtung, Hass und Feindschaft. Beide versuchen Kriegsalliierte zu rekrutieren, um zumindest moralisch einen Kampf für sich zu entscheiden, in dem es definitiv keine Gewinner geben kann.

In diesem Spiel spielen Verwandte oder Freunde oft eine ungute Rolle. Sie meinen es vielleicht gut, betätigen sich aber oft als »Aufwiegler«, die im Übrigen vorgeben, sich nicht einmischen zu wollen. Manche mag es trösten, dass auch andere, denen sie ihr (vermeintliches) Liebesglück neideten, scheitern. Andere fühlen sich berufen, als Tröster, »wahre Freunde« oder selbst ernannte Therapeuten einzugreifen und dabei die eigene Liebesmisere zu unterschlagen.

Hohe Anerkennung verdienen Frauen und Männer, die Betroffenen zur Seite stehen, ohne vorschnell Partei zu ergreifen. Sie lehnen es ab, im Duell der Partner die Rollen von Moralaposteln, Kriegsverbündeten oder Schiedsrichtern zu übernehmen. Ihre Haltung von Verfügbarkeit, Empathie und Respekt bewirkt Offenheit, Kongruenz und Authentizität. Sie schaffen ein Klima, das es den Betroffenen ermöglicht loszulassen, sich nicht zu verbeißen, sich zu öffnen und ehrlich mit sich selbst zu sein. Sie be-frieden die Auseinandersetzung und ernten Wahrhaftigkeit. Wenn sie damit erreichen, dass frühere Liebende zumindest damit aufhören, sich zu »zerfetzen«, und ihre Trennung mit fairen Mitteln vollziehen, dann haben sie sich als echte Liebesboten erwiesen.

Kummer überspielen oder daran zerbrechen

Kummer in der Liebe erfordert engagierte Trauerarbeit. Wer nicht bereit ist, diese zu leisten, sucht pathogene Auswege:

- zur Flasche greifen, sich mit Medikamenten oder Drogen betäuben
- das Umfeld emotional erpressen, mit Selbstmord drohen, sich affektiv an andere Menschen klammern

- in Krankheiten flüchten und in seinen Leiden aufblühen
- sich in der Rolle des schuldlosen Märtyrers gefallen, entsprechend jammern und hadern
- sich mit vielen kurzen Affären trösten oder sich Hals über Kopf in einen neuen Partner verlieben
- endlich »leben«, sich »auf Teufel komm raus« amüsieren
- sich mit Konsumgütern vollstopfen, sich mal endlich was leisten
- nur noch in alten Erinnerungen schwelgen
- sich gehen lassen, sich vernachlässigen
- den früheren Partner ausspionieren, ihm nachstellen, die gemeinsamen Kinder gegen ihn ausspielen
- sich nie wieder in affektive Beziehungen einlassen ...

Diese Wege sind aussichtslos und machen Angst. Sie gehen das Problem nicht eigentlich an.

Wer seinen Kummer nicht relativieren kann, setzt sich selbst und andere schachmatt. Anstelle der Liebe, des Lebens und des Glücks zählen nun als Lebensaufgaben Kummer, Sorgen und Elend. Diese werden zum Selbstzweck, an dem die »Opfer« genüsslich leiden. Diese Strategie lähmt und erstickt auch die Nächsten solcher Märtyrer nachhaltig.

Wer seinen Kummer überspielt, verdrängt seine Not, spaltet sie ab, betäubt sie gewissermaßen. Die Sorgen sind somit nicht mehr greifbar, aber keineswegs aus der Welt geschafft. Sie nagen weiter, sie verunsichern, verängstigen, bedrücken. Es sind also immer stärkere Mittel nötig, um ihre Wirkungen zu neutralisieren. Die Betroffenen werden sich selber fremd, wirken nach außen gekünstelt und »aufgedreht«. An die Stelle der Liebe, des Lebens und des Glücks treten bunte Attrappen, die bestenfalls zeitweise zu täuschen vermögen.

Vorbeugung in Beziehungen

In einem Eheseminar stellte eine junge Teilnehmerin die kluge Frage, ob es ein gutes Rezept zur Vermeidung von Liebesleid gäbe. In der Liebe gelten weder Gebrauchsanweisungen noch Garantiescheine. Trotzdem lassen sich die Erfolgschancen deutlich steigern, wenn beide Partner ihre Liebesressourcen pflegen. Dazu sind folgende Haltungen wichtig:

- an Idealen festhalten, ohne die Beziehung zu »vergötzen«
- den Partner festhalten, aber auch loslassen (Nähe und Distanz)
- Einsamkeit aushalten, sich auch Zeit für sich selbst nehmen
- nicht aufhören, umeinander zu werben, seine physische und seelische Attraktivität pflegen
- miteinander auch über schmerzliche Erfahrungen und emotionale Verletzungen reden
- eigene und fremde Schwächen annehmen und respektieren, darauf verzichten, sie einander unter die Nase zu reiben
- Beziehungsschwierigkeiten von vornherein mit einkalkulieren, Streitkompetenz gewinnen
- Beziehungspannen fair analysieren, im rechten Maß die Verantwortung dafür übernehmen; persönliche Fehler und gemeinsame Mängel anerkennen und daraus für die Zukunft lernen
- Entwicklungen bei sich und beim Partner wahrnehmen, sie miteinander ansprechen, ihnen Rechnung tragen, in der Beziehung nicht stehen bleiben
- schwierigere Phasen aushalten, nicht sofort flüchten, für sich und den Partner Geduld aufbringen
- sich und anderen verzeihen können, Schuldkonten löschen, Krisen überwinden, neue Anfänge wagen

Eine Schlüsselfunktion haben die Kompetenz beider Partner im Umgang mit Nähe und Distanz, ihre Fähigkeit, einander im richtigen Maß festzuhalten und loszulassen, ihr Vermögen, partnerschaftliches Engagement und persönliche Freiheit harmonisch in Einklang zu bringen. Dass unstete

»Ausbrecher« und leichtfüßige »Abenteurer« viel Liebesleid verursachen, stellt wohl niemand infrage. Auf der Gegenseite belastet auch übergroße Anhänglichkeit die Liebe, sie engt ein, lähmt und erstickt. Gegensätze ziehen einander oft magisch an, weil uns Menschen häufig das am meisten fasziniert, was uns selber fehlt. Wenn gegensätzliche Partner voneinander lernen, finden sie jeder für sich zur richtigen Mitte. Häufig aber bremsen oder unterbinden solche Bindungen beidseitige Entwicklungschancen, weil jeder den anderen benutzt, um eigene Unterlassungen auszugleichen. Oft genug finden so »Ausbrecher« und »Klammeraffen« in unglückseligen Beziehungen zusammen, an denen beide leiden (siehe *Partnerschaft und Beziehung*).

All diese Dinge gelten selbstverständlich nicht nur in der Liebe. Freundeskreis, Familie, Klassengemeinschaft, Jugendverein: Dieselben Tugenden sind gefragt! Entsprechend können sie überall auch dort vermittelt und eingeübt werden. Einmal mehr, geschätzte Liebesboten, wird der impliziten Sexual- und Liebeskultur das Wort geredet.

Gefühle äußern

In unseren Breiten verbietet es der gute Ton, sich öffentlich seinen Gefühlen hinzugeben. Von Kind auf lernen wir, Freude zu verbergen, Enttäuschung zu verheimlichen, Wut runterzuschlucken, Angst zu überspielen, Begeisterung zu verdecken, Trauer zu unterdrücken. Unsere Umgangskultur, die sich im Übrigen sehr liberal gibt, trägt mit dazu bei, dass ungezählte Frauen und Männer an ihren Gefühlen regelrecht ersticken. Es ist schon verrückt, dass Therapeuten Seminare zu den Themen Lachen, Schreien oder Weinen anbieten müssen, um Menschen wieder mit ihren eigenen Emotionen auszusöhnen.

Wir alle brauchen Zeiten, Orte und Mitmenschen, wo wir Gefühle frei äußern dürfen, wo uns das Recht zuerkannt wird, uns »gehen zu lassen«, ohne dabei das Gesicht zu verlieren. Dieser zutiefst menschliche Anspruch gilt besonders in Zeiten des Kummers und der Trauer. Reden, schreien, wüten, weinen, anschuldigen, den Kopf hängen lassen, klagen, zweifeln, jammern – Betroffene wissen, wie die Erlaubnis dazu helfen kann, Kummer loszulassen, dazu Abstand zu gewinnen und sich davon zu befreien.

Hilfreich sind Rituale, die uns helfen, unseren Gefühlsausdruck zu kanalisieren, damit unsere Emotionen nicht »ausufern« und alles »überfluten«:

- die kleine Stube, in die wir uns zum Ausweinen zurückziehen
- die Freundin, die uns auffängt, wenn wir es nicht mehr aushalten
- das Fotoalbum, das wir am Sonntag hervorkramen, um in den Erinnerungen zu schwelgen
- der wöchentliche Termin beim Therapeuten
- das tägliche innere Zwiegespräch, bei dem wir Ungesagtes loswerden
- das Jogging am frühen Morgen, bei dem sich vieles herausschwitzen lässt
- das Führen eines Tagebuchs, dem wir rein alles anvertrauen dürfen

Beziehungen abschließen

Wir alle kennen Frauen und Männer, die in den Ruinen früherer Beziehungen überleben. Sie schaffen es nicht, »ihre Toten zu begraben«, und bleiben verstrickt in Gefühlen.

Auch hier ist Ressourcenarbeit gefragt:

- Gegebenheiten zur Kenntnis nehmen und sich damit auseinandersetzen; wahrhaben, dass die Beziehung zerbrochen ist; akzeptieren, dass die Partnerin verstorben ist und in diese Welt nicht zurückkehrt
- bereit sein, sein Leben entsprechend umzugestalten (Wohnung, Kinderbetreuung, Beruf, Finanzen, Besitz, Haushaltsführung, soziale Kontakte)
- den früheren Partner weder verteufeln (nach der Trennung) noch idealisieren (nach seinem Tod); seinen Qualitäten gerecht werden und seine Schwächen nicht unterschlagen (dies ist vor allem auch vor den Kindern sehr wichtig)
- um die Beziehung offen trauern und weinen; sich dabei die nötige Zeit lassen, nichts überstürzen
- die Erinnerung an schöne und an schlimme Zeiten wachhalten (Fotos, Briefe, Souvenirs, Anekdoten; Vorsicht: nicht impulsiv alles wegschmeißen – es reicht, es vorerst weit wegzustellen); den Kindern viel über diese Zeit erzählen
- sich nicht selbst abwerten, seine Attraktivität pflegen, Freundschaften unterhalten, sich engagieren, kreativ sein

Nochmals gilt der Hinweis auf den hohen Wert guter Rituale. Auch Abschiede brauchen Worte, Gesten und »Feiern«, um innerlich vollzogen zu werden. Rituale unterschlagen keine Gegebenheiten, aber nennen sie beim Namen. Sie lassen Gefühle zu und bieten dafür sozial zugelassene Ausdrucksformen. Rituale trösten, stützen und lassen Betroffene Gemeinschaft erfahren. Über ihre kulturelle Verwurzelung vermitteln sie

Trauernden die Mut machende Leidens- und Trauerkompetenz ungezählter Frauen und Männer, die ähnliche Bürden zu tragen hatten oder
haben.

Auch bei der Begleitung junger Menschen sind symbolische Gesten
bei der Liebeskummerbewältigung häufig sehr hilfreich: einen Ab-
schiedsbrief schreiben, ein Erinnerungsalbum gestalten, sich wortwörtlich von der Freundesgruppe tragen lassen, die geplatzte »Love Story«
künstlerisch verarbeiten (Gedicht, Bild, Skulptur, Collage, Tanz, Musik).
Es ist bedauerlich, wenn Jugendlichen als Alternativen das Überspielen
ihrer Gefühle durch vordergründige Überheblichkeit, Angeberei oder
lieb- und geistloses Rumknutschen zur Verfügung stehen. Woher sollten
sie später die Kompetenz herholen, mit »echtem« Liebesleid fertig zu
werden. Liebesboten sollten darum den dramatischen Liebeskummer ihrer Jugendlichen als ernsthaftes Anliegen verstehen und zugleich als
tolle Chance zu nutzen wissen!

Glaube kann fesseln und befreien

Weder ihr Glaube noch ihr Taufschein bewahren Menschen vor Fehlern,
Schwierigkeiten, Entgleisungen, Ausrutschern oder Versagen. Auch
»gute« Hindus, Juden, Moslems oder Christen sind keineswegs gefeit
gegen Kummer und Sorgen in Liebe, Partnerschaft und Familie. Die Frage gilt, inwiefern ihr Glaube und ihre Religion Menschen dabei fesseln
oder befreien.

Religionsgemeinschaften vermitteln ihren Anhängern Verhaltensre-
geln für unterschiedliche Lebensbereiche. Dazu zählen in aller Regel Liebe und Sexualität, Ehe und Familie, Liebesglück und Liebeskummer. Religiöse Vorschriften werden von relevanten Lebens- und Glaubensidea-
len abgeleitet und tragen den Lebens- und Glaubenserfahrungen ungezählter Vorfahren Rechnung. Sie bilden somit einen wertvollen Schatz re-
ligiöser Tradition. Sie sind eine hilfreiche Gabe, weil sie den Einzelnen im
Alltag entlasten können und ihm zumindest wertvolle Orientierungspunk-

te anbieten. Sie stützen freie Gewissensentscheidungen, können und dürfen diese aber nicht vorwegnehmen.

Wenn religiöse Regeln als rigide Verbote und Gebote auferlegt werden, lähmen und entmündigen sie Menschen. Wohl jede Religionsgemeinschaft schreibt dabei rabenschwarze Seiten. Der vorkonziliare Umgang der katholischen Kirche mit dem sechsten Gebot kann sicher nicht als authentisches Zeugnis eines Gottes der Liebe und Güte verstanden werden. Solche unbarmherzige Rigidität und unerbittliche Ablehnung verraten den Gott-Mutter-und-Vater, der Jesus Christus zufolge Menschen befreien und erlösen möchte.

Strenge und rigide Religionsgemeinschaften mögen attraktiv sein für Frauen und Männer mit schwacher Identität und wenig Selbstbewusstsein. Diese suchen im Außenbereich die Sicherheiten, die sie im Innern vermissen. Insofern können Glaube und Religion zur Droge werden. Gleiches gilt, wenn Leidende ihr Schicksal passiv ergeben auf sich nehmen und sich hier im »Jammertal« auf später vertrösten (»Der Himmel wird's lohnen!«). Sie ziehen sich resigniert zurück oder werden Märtyrer, deren Nächste vor der Alternative stehen, sich abzusetzen oder mit großer Duldsamkeit zu überleben.

Religion lässt sich auch als Waffe nutzen, um andere selbstgerecht zu »erschlagen«, sie hart zu beschuldigen und gnadenlos zu verurteilen. Bei Trennungen können manche Verlassende hiervon ein Lied singen. Schade, wenn Seelsorger sich im Namen des Gottesglaubens vor solche Karren spannen lassen!

Wer Gott als Meister der Liebe, der Freude und des Lebens begreift, wird ihn nicht vorschnell instrumentalisieren. In Momenten der Sorgen und des Kummers weiß sie oder er sich doppelt gefordert in ihrer oder seiner persönlichen Freiheit und Verantwortung. Dies ist keineswegs ein bequemer Freibrief, sondern verpflichtet Gläubige zu einem mühsamen Weg der inneren und äußeren Auseinandersetzung. Der Glaube vermittelt dabei keineswegs allgemein gültige Rezepte, schenkt aber wesentliche Orientierungspunkte:

Gott beruft alle Menschen aufzuleben (und nicht abzusterben).
Gott will Türen öffnen und Ängste nehmen.
Gott kerkert Menschen nicht in formale Gebote ein.
Gott verurteilt nicht, sondern bietet die Chance des Neubeginns.
Gott schenkt Erbarmen und Verzeihen.

Zu neuen Horizonten aufbrechen

Vor dem Liebesleid dieser Welt resignieren vermehrt Frauen und Männer, wollen die unberechenbaren Risiken partnerschaftlicher Beziehungen nicht eingehen. »Wortbruch, Lieblosigkeit, Untreue, Scheidung – ich würde daran zerbrechen!«, so ein guter Bekannter, der es vorzieht, Single zu bleiben und zumindest »halbglücklich« zu leben. Eine ältere Dame zog sich nach dem Tod ihres Gatten von der Familie zurück, weil sie die mögliche Undankbarkeit oder Gleichgültigkeit von Kindern und Enkeln nicht ausgehalten hätte. Sie bevorzugte präventive Abkapselung und Einsamkeit. Manche Menschen lehnen ehrenamtliches Engagement ab, weil die Erfahrung anderer reichlich belege, dass Güte in unserer Gesellschaft als naive Dummheit gelte und rein gar nichts bewirke. Körperlich, mental, psychisch, sozial, kulturell und spirituell sind wir Menschen zur Liebe berufen und verfügen dabei über reiche Ressourcen. Wir, die Autoren, glauben, es steht uns nicht zu, diese Talente furchtsam zu vergraben. Persönliche oder fremde Kummer- und Leidenserfahrungen begründen eine Haltung vorsichtiger Klugheit, sollten aber nicht in Liebesabstinenz münden.

Unglücklich Verliebte, Verlassene oder Hinterbliebene reagieren häufig wie die Jünger von Jesus nach dessen Tod. Verängstigt und verunsichert, verletzt und angeschlagen, kraftlos und ohne Mut ziehen sie sich »hinter verschlossenen Türen« zurück (siehe das Johannes-Evangelium). Wie in der Bibel die Wochen zwischen Ostern und Pfingsten, so ist diese Zeit des Rückzugs der Unglücklichen eine unverzichtbare Phase der Trauer, des Loslassens und der Bewältigung. Erst danach werden Menschen offen für die »Osterwahrheit«:

Kummer, Leid und Tod gewinnen nicht. Das Leben geht weiter und wird letztlich siegen.

Jeder Abschied – und sei er noch so schmerzlich – eröffnet neue Reifungschancen.

Die Lebens- und Liebeskraft gewinnt neue Dynamik.

Menschen sind wieder bereit sich be-geistern zu lassen und andere zu motivieren.

Warum?

Warum erlosch die Lampe?
Ich hielt meinen Mantel davor,
um sie vor dem Winde zu schützen.
Darum erlosch die Lampe.

Warum verwelkte die Blume?
Ich presste sie an mein Herz
in ängstlicher Liebe.
Darum verwelkte die Blume.

Warum trocknete der Strom aus?
Ich legte einen Damm hindurch,
um ihn mir nützlich zu machen.
Darum trocknete der Strom aus.

Warum zerbrach die Saite der Harfe?
Ich versuchte, ihr einen Ton zu entreißen,
der ihre Kräfte überstieg.
Darum zerbrach die Saite der Harfe.

Rabindranath Tagore

Reden, schweigen und verstehen

»Reden ist Silber, Schweigen ist Gold« – so lautet ein früher häufig zitiertes Sprichwort. Im Zeichen unseres aufgeklärten, offenen und basisdemokratischen Zeitgeistes haben wir heute den alten Spruch generell umgekehrt: Schweigen ist Silber, Reden ist Gold! Dies gilt selbstverständlich auch in Partnerschaft und in Liebe. Das Engagement für das offene Sexual- und Liebesgespräch wird zum roten Faden in allen Kapiteln dieses Buches. »Reden ist Gold« – ja, das ist ein guter Wahlspruch für alle Liebesboten.

Reden ist Gold – auch wenn die meisten unter uns dieser Aussage vorbehaltlos zustimmen, so tun wir uns doch häufig schwer damit – besonders, wenn es um Liebe und Sexualität geht. Oder besser gesagt: Es wird heikel, wenn wir mit dem Partner über unsere Liebe und unsere Sexualität reden (sollten, müssten). Wenn wir Autoren ehrlich bleiben, so fällt es auch uns leichter, in diesen Zeilen allgemein über Liebe und Sexualität zu »dozieren«, als uns mit unseren jeweiligen Partnern hinzusetzen und mit ihnen ganz persönliche sexuelle Erwartungen, Erfahrungen, Freuden, Enttäuschungen, Ängste oder Nöte anzusprechen. Ungezählte Paare wissen und erleben wie wir, dass der Liebes- und Sexualdialog gleichermaßen nötig und schwierig (wenn nicht gar unmöglich) ist.

Probleme beim Liebes- und Sexualdialog

Woran liegt dies? Anders als beim Gespräch über das Wetter oder die Weltpolitik geht es im Sexualdialog um sehr sensible und emotionsgeladene Aspekte. Beide Partner sind dabei in jeder Hinsicht nackt und fühlen sich möglicherweise ausgeliefert. Die geheimsten und tiefsten Dinge stehen zur Disposition: Sehnsüchte, Träume, Hoffnungen, Ekstase und Glückseligkeit – aber auch Ängste, Zweifel, Elend, Resignation und Seelennot. Beide Partner wissen um Wunden, die impulsive Reden und unbedachte Worte verursachen. Sie befürchten zu Recht, an schmerzlichen Narben zu kratzen oder ungewollt Hoheitsrechte des Partners zu verletzen. Sie schweigen, um sich selbst zu schützen und um schmerzhafte Worte des Partners im Vorfeld zu verhindern.

Der persönliche Sexual- und Liebesdialog setzt bei beiden Partnern ein gutes Maß an Selbstliebe und Ichstärke voraus. In Krisenphasen sind wir besonders empfindlich und verletzbar. Paare lernen, im Liebes- und Sexualbereich einander sprachlich aus dem Weg zu gehen. Sie treffen das stillschweigende Abkommen, über unverfänglichere Themen miteinander zu reden: die nächste Ratenzahlung, Probleme mit den Kindern, der ewige Ärger mit Oma oder der nächste Urlaub ...

Natürlich kommen wir auch nicht umhin, auf die häufig mangelnde Sprachkompetenz im Liebes- und Sexualbereich hinzuweisen. Zum einen bleiben diese Themen weitgehend tabu oder werden häufig nur in Vulgärsprache behandelt. Auch heute noch fehlen vielen Frauen und Männern, ungezählten Mädchen und Jungen die notwendigen Worte und Begriffe, um das Thema sensibel, respektvoll und differenziert anzugehen. Liebesboten sind also auf vielen Ebenen gefordert.

Reformen bei den Geschlechterrollen?

Viele Männer sind auf der objektiven und fachlichen Ebene wortgewandte und geschätzte Verhandlungsstrategen. Von dieser Kompetenz bleibt allerdings häufig wenig übrig, wenn es – wie beim Liebes- und Sexualdialog – auf subjektive und emotionale Gesprächsbeiträge ankommt.

Noch immer haben viele Männer gelernt, Gefühle nicht zu äußern, sie nicht einmal wahrzunehmen, sich allenfalls davon zu distanzieren. »Emotionen« gelten in der Männerwelt oft immer noch als Ausdruck von Schwäche. Es ist eher gefragt, Probleme ohne große emotionale Beteiligung anzugehen und zu lösen. Viele Männer übernehmen diese Kommunikationsmuster auch in der Welt ihrer Paarbeziehung oder ihres Familienlebens. Wer im Beruf jedoch hohe Anerkennung findet, weil er hemmungslos zupacken kann, tut sich vielleicht umso schwerer in den Bereichen, wo es vor allem auf Behutsamkeit und Zärtlichkeit ankommt.

Unser Anliegen als Autoren zielt darauf, die impliziten und kulturell tradierten Rollenmuster von Jungen (und Mädchen) kritisch zu hinterfragen – gerade auch was den Liebes- und Sexualdialog angeht.

Häufig ist Schweigen Gift ...

Schweigen fördert oft genug Vorurteile, nährt Missverständnisse, verankert Spannungen, schürt schwelende Konflikte, zersetzt das gute Klima, verzehrt Respekt und Vertrauen, zermürbt Freundschaft und Liebe. Sprachlosigkeit verursacht Zweifel, verstärkt Ängste, verletzt, hält Menschen in ihrem seelischen Leid gefangen.

Die Angst vor dem Streit bringt uns alle gelegentlich dazu, lieber zu schweigen. Unsere Jugendlichen behaupten, in der Schule gelte dies sogar häufig als eine elementare Schülerweisheit. Doch wer schweigt, frisst Dinge in sich hinein. Mit »Dingen« umschreiben wir in diesem Zusammenhang starke Empfindungen wie Enttäuschung, Wut, Unsicherheit, Zweifel, Angst, Scham und Schuld. Menschen, die alles in sich hineinfressen, es zu verdrängen suchen, belasten sich seelisch selber im hohen Maß. Sie übernehmen die Rollen der Duckmäuser, Dulder, Opfer, Versager oder Märtyrer. Häufig bekommen sie wenig Liebe von anderen – und noch weniger lieben sie sich selbst.

Paare, die beim Liebes- und Sexualdialog in Schweigen versinken, belasten ihre Beziehung mit schweren Hypotheken: zunehmende Entfremdung, heimliche Unterstellungen, zunehmender Abbau zärtlicher und erotischer Anteile beim Sex, gegenseitiges sexuelles Desinteresse und genitale »Entpflichtung«, Seitensprünge ... Viele Paare streichen wortlos die Sexualität im informellen Ehe- oder Paarkontrakt. Frau oder man kompensiert in unverfänglichen Bereichen: Kinder, Katze, Küche, Karriere, Konsum und Krankheiten. Manche beschließen, sich selbst noch nach der Silberhochzeit zu trennen und ihr Glück mit einem neuen Partner oder einer neuen Partnerin zu suchen.

... und manchmal ist Schweigen Gold

Natürlich kann man auch alles zer-reden.

Sabine schafft es hemmungslos, ihren Partner seelisch in die Mangel zu nehmen und ihn regelrecht auszuquetschen: »Nun sag schon, wie geht es dir denn nun wirklich? Sag mir, wie glücklich du bist!« Dabei behauptet sie ganz ernsthaft, alles – aber nun auch wirklich alles! – zu verstehen. »Der reinste Psycho-Strip!«, stöhnt Frank.

Paul hingegen kann auch beim Sex endlos quasseln, ohne wirklich etwas zu sagen. »Wie ein Radio, das du nicht abschalten kannst!«, so Lisa.

Und dann gibt es auch noch die Buchhaltertypen, die nicht Ruhe geben. Zuvor muss alles bis ins letzte Detail geklärt werden und alle Konten sollen genau stimmen. »Ich will gerne mit dir schlafen. Aber was ist gestern in deinem Kegelclub wirklich abgelaufen? Und wer hat diesen Schampus zum Schluss bezahlt? Doch hoffentlich nicht du!?«

Gelegentlich auch werden gut gemeinte Worte zu klobigen Pflastersteinen, die frohe Glücksmomente entzaubern. Dies passierte Lars, der nach einer schönen Liebesbegegnung mit Fanny sofort wissen wollte: »Na, wie war ich?«

Manchmal meinen wir wohl alle, wir hätten besser geschwiegen. Wir sind uns dann bewusst, dass unsere Worte in der gegebenen Situation nur Unheil gestiftet haben. Es gibt immer wieder gute Gründe,

- seine Impulsivität zu zügeln, weil viele spontane Reaktionen zu gefährlichen Wurfgeschossen werden,
- momentan nichts zu sagen und klärende Worte besser auf später zu verschieben,
- seine Worte klug abzuwägen, um zu verhindern, dass man einander emotional »hochschaukelt« (Trennungsspirale).

Das gemeinsame Schweigen schafft häufig die erforderliche Atmosphäre, die ein gutes Gespräch braucht. Frau oder man kommt dabei zur Ruhe. Stress und Hektik bedingen destruktive Aggressionen. Die Augenblicke der Ruhe vermitteln die nötige Zeit, um die Kommunikationsdiskette auszutauschen: die fachliche und professionelle oder familiale und pädagogische Diskette entfernen, die emotionale und erotische Diskette einlegen. Beide Partner können sich erst einmal entspannt darauf besinnen, was sie eigentlich selber möchten und wünschen.

Missverständnisse sind unvermeidbar

Hi, da bin ich wieder! Freust du dich?

Ja, ja, doch!

Glücklich bist du nicht gerade!

Du verstehst mich falsch.

Ich bin ja nicht begriffsstutzig. Dabei hab ich es doch nur gut gemeint.

Auch beim Sexual- und Liebesdialog sind Missverständnisse häufig die Regel.

- Das, was ich sagen möchte,
- die Art, wie ich es rüberbringe,
- das, was der andere hört,
- die Art, wie er das Gehörte verarbeitet und begreift –
  unter Umständen werden daraus vier unterschiedliche Botschaften.

Das, was letztlich beim Empfänger ankommt, unterscheidet sich oft stark davon, wie es ursprünglich gedacht war. Der Empfänger kann die Botschaft, die er innerlich entschlüsselt, emotional nicht nachvollziehen, fühlt sich unter Umständen abgewertet und verletzt. Wenn er nun aus dem Bauch heraus antwortet, ist ein Streit häufig unvermeidbar.

Tipps

Kompetente Dialogpartner

nehmen sich Zeit füreinander (ohne Stress und Hektik),

hören genau hin,

vermeiden es, andere zu unterbrechen,

lassen sich ein auf die Gefühle, Bedürfnisse, Erwartungen und Werte des Partners,

interpretieren die Botschaft vorsichtig, fragen nach, ob sie richtig verstanden haben,

beachten auch nonverbale Signale: Haltung, Mimik, Erröten, Lächeln, Tränen,

äußern offen eigene Emotionen und Erwartungen,

lassen Spannungen nicht einfach im Raum stehen.

Vorerst mit sich selbst ins Reine kommen!

Oft genug ist sich der Sender nicht im Klaren, was er wirklich will.

Beim Kuscheln fragt Jan Karin, was ihr Spaß mache und was sie wolle. Die schüchterne Antwort lautet: »Weiß nicht!« Die Botschaft Karins lässt sich sehr unterschiedlich auslegen:

- Ich bin stark berührt und finde keine Worte.
- Rede nicht und lass uns still genießen.
- Unser Spiel fasziniert und verängstigt mich. Gib mir Zeit!
- Ich will zwar gerne schmusen. Lass es aber bitte dabei bleiben!

Für die Qualität der Beziehung zwischen Jan und Karin ist es nötig, die Antwort behutsam zu hinterfragen. Dabei muss Karin vorerst für sich selbst klären, was sie möchte, welche Antwort ihren momentanen Bedürfnissen und Ansprüchen, ihren Erwartungen und etwaigen Ängsten entspricht. Hilfreich für Karin sind dabei folgende Anregungen:

- Nimm dir Zeit! Setz dich nicht unter Druck. Lass auch nicht zu, dass Jan dies tut.
- Reagiere nicht unter emotionalem Stress. Warte ab. Gewinne Gelassenheit.
- Trage deinem Selbstwertgefühl Rechnung. Höre auf deine innere Stimme. Sei ehrlich mit dir selbst.
- Äußere Jan gegenüber deine Fragen und Gefühle. Sprich mit ihm über deine Ängste und Zweifel. Lass dich dabei nicht überrumpeln.
- Mache offene und frohe Zusagen.
- Erteile Absagen respektvoll, ohne Jan abzuwerten oder zu demütigen.
- Lasse dir nicht alles gefallen. Lehne unmissverständlich ab, was dich demütigt, verletzt oder abwertet.

Dabei hat Karin zugleich auch die Chance, ihren Partner einzuschätzen zu lernen. Besitzt Jan die menschlichen Qualitäten, die es ihr erlauben, zu sich selbst zu finden und frei zu entscheiden? Hier einige Kriterien: Jan verzichtet darauf, zu fordern und zu drängeln. Er freut sich über eine Zusage Karins, respektiert aber auch eine Absage. Er pflegt sein eigenes Selbstwertgefühl. Er ist mit sich selbst in Einklang. Für ihn ist Karin keine Trophäe, die es rasch zu erobern gilt. Jan kann mit Karin spielen und lachen, aber auch trauern und weinen. Er kann vor allem toll schmusen. Mit ihm kann Karin vertrauensvoll problematische und schmerzliche Fragen angehen.

Liebe und Partnerschaft, aber auch Familie und Freundschaft können sich nur dort entfalten, wo Menschen sich offen einbringen und im Gegenzug fair so angenommen werden, wie sie sind. Dabei suchen wir gelegentlich verzweifelt nach den passenden Worten und Sätzen. Wir stammeln und müssen Sprache neu erfinden und gestalten.

Deine Reaktion eben krieg ich nicht runter. Es schmerzt mich sehr ..., wahrscheinlich weil ich so verrückt nach dir bin. Hilf mir, wieder mit dir ins Lot zu kommen!

Ich hab Angst, mit dir zu schlafen ... Jetzt kriegst du das in die falsche Kehle. Ich hab keine Angst vor dir, aber ich selber, ich bin noch nicht so weit. Es liegt nur an mir ... Wenn du verstehst, was ich meine?

Es ist so toll mit dir, dass ich nun heulen muss. Nimm mich bitte in deine Arme!

Solche Sätze klingen manchmal »verrückt«. Und doch sind sie wahr und liebevoll. Und genau das macht uns – in jedem Alter – liebenswert.

Plädoyer für emotionale Authentizität

»Sei du selber und teile dich mit!«, so lautet das Motto. Das Risiko, das frau oder man dabei eingeht, lohnt sich. Der Einsatz, um den es geht, ist kostbar: Harmonie, Liebe, sexuelle Erfüllung, Elan und Vitalität. Wie so häufig ist die Gabe zugleich auch Aufgabe. Gefordert werden Offenheit und Fairness, Authentizität und Respekt. Fragen und Zweifel, Misserfolge und Pannen sind beim Liebesdialog ebenso wichtige Themen wie Freude und Lust, Motivation und Anerkennung.

Klischeevorstellungen dürfen und müssen hinterfragt und als unnötiger Ballast entsorgt werden. Also: Männer dürfen weinen. Frauen haben das Recht, sexuelle Initiativen zu ergreifen. Verspielte Narren sind gefragt. Wohliges Stöhnen und spontane Lustschreie sind erlaubt. Frau oder man darf stammelnd nach Worten suchen, um das unsagbar Schöne oder das Schmerzliche zu fassen. Schwächen sind zulässig. Lust auf Sex ist keineswegs steuerbar. Auch Erektionspannen sind nur dann peinlich, wenn man sich wortlos durch die Situation hindurchquält.

Bitte!

Das war toll.

Dein Essen war herrlich.

Ich finde dich sehr attraktiv.

Wie du das immer wieder schaffst!

Du hast uns sicher nach Hause gebracht.

Seit Montag freue ich mich auf unsere
Begegnung.

Deine Unterstützung war mir wertvoll.

Ich bin glücklich, dich zu sehen.

Du bist wirklich ein Schatz.

Das steht dir gut.

Ich liebe dich.

Danke!

Die Kunst
des Genießens

Auch Genießen will gelernt sein. Wir laden ein, mit unseren Anregungen die hohe Schule des freudvollen Genusses zu entdecken und zu verfeinern.

1. Relativiere den Konsum!

Freude lässt sich nur bedingt kaufen und passiv konsumieren. Viele kostspielige Feste bleiben dennoch langweilig. Wer möglichst viel in sich hineinstopft, ist übersättigt, bleibt aber trotzdem »leer« und unausgefüllt. Dies gilt auch beim Thema Sexualität. Pornografie und Prostitution werden zu leeren Versprechen, die meistens das verhindern, was sie verheißen: frohes und freies erotisches Spiel.

2. Sei kreativ!

Warte nicht ab, was andere dir bieten. Werde selber aktiv und lass deiner Fantasie freien Lauf! Kreative Menschen machen eine sehr erfüllende Erfahrung: Nicht nur das Ziel, sondern bereits der Weg dorthin bringt Freude und Spaß. Wer fantasievoll forscht, merkt rasch, wie breit, wie vielfältig und wie reich die menschliche Fähigkeit des Genießens ist. Dies bestätigt sich nicht zuletzt beim Thema Schmusen. Bleib also ein genussvoller Entdecker!

3. Gebrauche deine fünf Sinne!

Sehen, hören, fühlen, riechen, schmecken ... Lasse keinen deiner fünf Sinne verkümmern. Die tiefe Nacht, der Wald, ein guter Wein: Du wirst sie erst voll erfassen, dich an ihnen berauschen können, wenn du sie mit allen Sinnen wahrnimmst und auskostest. Im weitaus lustvolleren Maß gilt dies für die Nähe des geliebten Partners oder der geliebten Partnerin.

4. Aktiviere Körper, Geist und Seele!

Beziehe bei Spaß und Freude nicht nur deinen Körper, sondern auch deinen Geist und deine Seele mit ein: dein Wissen, deine Ansprüche, dein Streben, deine Werte und Ideale, dein Hoffen und Glauben! Ansonsten bleibt deine Freude »geist-los« und »arm-selig«. Sie schenkt keine Erfüllung. Sie geht letztlich an dir und deinem Wesen vorbei. Du verpasst deine Freude, und dein Suchen nach Lust wird leicht zur Ver-fehlung.

5. Mache dich frei!

Kummer, Leid, Sorgen und Ängste werden zu belastenden Hypotheken, die Lust und Freude rasch ersticken. Dies gilt ganz besonders beim Thema Zärtlichkeit. Es ist also unumgänglich, Enttäuschungen zu verarbeiten und Rückschläge seelisch zu verkraften. Wer psychische Not überspielt und verdrängt, hat es schwer zu genießen.

6. Carpe diem!

Pflücke den Tag und koste aus, was er dir bietet. Jede Woche, jeder Tag, jede Stunde hat schöne, erfüllende, freudige, genussvolle Momente: das gemeinsame Frühstück, die Begegnung mit Freunden, eine SMS, ein Sonnenstrahl, die Pause, ein Wort des Lobes, eine Rangelei unter Freunden, ein Händedruck, die warme Dusche am Abend, ein Apfel, etwas Musik ... So gesehen schlägt dem Glücklichen keine Stunde. Wer allerdings nur auf Hochgenüsse aus ist und den kleinen Alltagsfreuden nichts abgewinnt, geht in aller Regel leer aus. Übrigens, sei dankbar für jeden Genuss und versäume es nicht, dir und anderen deine Freude zu zeigen! Lass deine Lust in dir aufleuchten wie einen Sonnenstrahl!

7. Sei bereit zu fasten!

Genieße den Verzicht! Nicht um der Versagung willen, sondern um den Genuss zu verfeinern. Hunger, Durst, Mühe, Engagement und Arbeit werden nur dann zur Belastung, wenn sie nicht einmünden in das freudvolle Mahl, die wohlverdiente Rast, die Zeit des Entspannens und Feierns. Plakativ ausgedrückt: Durst macht Bier erst schön! Wer exquisites Essen in sich hineinstopft, ohne hungrig zu sein, hat daran wenig Freude. Das Abwarten, die Geduld, die Vorbereitung, die Einstimmung: Sie sind unverzichtbare Etappen auf dem Weg zum Hochgenuss. Das Beispiel Zärtlichkeit belegt, dass dabei nicht selten die Vorfreude die schönste Freude ist.

8. Bedenke die Konsequenzen!

Alkohol und Drogen, Raserei auf der Straße, Gewalt und Glücksspiel: Sie berauschen im Hier und Jetzt, versetzen Menschen kurzfristig in Zustände der Ekstase. Doch der Preis ist hoch: Solche Menschen gefährden und verletzen andere, sie verarmen und zerstören sich selbst. Echte Freude brennt Menschen nicht aus, sondern erfüllt sie. Echte Freude klingt langsam aus und hallt froh nach.

9. Genieße nicht auf Kosten anderer!

Es gehört zum Wesen der Freude, dass sie ansteckt, sich mitteilt, sich ausbreitet. Geteilte Freude ist doppelte Freude. Spott, Erpressung, Bedrohung, Aussonderung, Unterwerfung, Gewalt: Wer daran Lust gewinnt, ist in seinem Ich verletzt und krank.

10. Sei nicht Sklave deiner Lust!

Lust, Spaß, Genuss und Freude schenken uns Menschen wichtige Lebens- und Glaubensperspektiven. Ja, die irdischen Genüsse, die uns gegönnt sind und die wir auskosten dürfen, werden zu Vorboten der unendlichen Freude, die Gott uns bei sich verheißt. Doch wie alle übrigen irdischen Schätze bleiben sie geprägt durch unsere menschlichen Grenzen, unser menschliches Fehlen und Versagen. In unserem Suchen nach Lust und Freude erleben wir Enttäuschungen, werden wir missachtet und verletzt. Bewusst und unbewusst, gewollt und ungewollt missachten und gefährden wir andere. Wir tun gut daran, Genuss und Lust zu pflegen, sie aber keineswegs zu verherrlichen. Wer dabei gelassen und humorvoll bleibt, wird zum liebenswerten Narren, der es schafft, den Alltag gelegentlich zu ver-rücken und ihn so erst recht lebenswert zu machen.

Sprichwörter der Bibel

Kummer im Herzen
bedrückt den Menschen,
ein gutes Wort aber
heitert ihn auf.
Spr 12,25

Schnell errafftes Gut
schwindet schnell,
wer Stück für Stück sammelt,
wird reich.
Spr 13,11

Der Bedrückte
hat lauter böse Tage,
der Frohgemute hat ständig
Feiertag.
Spr 15,15

Besser ein Gericht Gemüse,
wo Liebe herrscht,
als ein gemästeter Ochse
und Hass dabei.
Spr 15,17

Freundliche Worte
sind wie Wabenhonig,
süß für den Gaumen,
heilsam für den Leib.
Spr 16,24

Schon unvernünftige Begierde
ist nicht gut,
und wer hastig rennt, tritt fehl.
Spr 19,2

Findest du Honig,
iss nur, so viel dir bekommt,
sonst wirst du ihn satt und
erbrichst ihn.
Spr 25,16

Salböl und Weihrauch
erfreuen das Herz,
die Herzlichkeit eines Freundes
erfreut mehr als duftendes Holz.
Spr 27,9

Geschlechtsverkehr
und andere Höhepunkte

Die erste Funktion des Geschlechtsverkehrs ist die Weitergabe des Lebens. In den Kindern, die wir zeugen, gebären und erziehen, bleibt die menschliche Art erhalten. Im Laufe der Jahrhunderte wurde das Überleben der menschlichen Art immer wieder gefährdet durch Epidemien, Kriege, Naturkatastrophen oder auch durch extreme Armut.

Selbstverständlich sollte ein Paar nur dann das Leben weiterschenken, wenn beide Partner sich dies wünschen und auch in der Lage sind, selber für Kinder zu sorgen. Jugendliche sind dies in aller Regel nicht.

Der Geschlechtsverkehr junger und auch älterer Paare hat aber noch andere Ziele: Ausdruck der beiderseitigen Zuneigung und Liebe, Erleben von Freude und Spaß, Vertiefung der Beziehung. Heute stehen wirkungsvolle und risikoarme Verhütungsmittel zur Verfügung. Wir alle – besonders aber auch Jugendliche – haben somit die Chance, sich vor ungewollter Schwangerschaft zu schützen. Die Schwangerschaftsvorhütung ist allerdings nicht nur eine Chance, sie ist für beide Partner eine gemeinsame Verantwortung.

Gleiches gilt für den Schutz gegen Geschlechtskrankheiten, vor allem gegen AIDS. Die Zahl der AIDS-Infizierten nimmt leider auch in Westeuropa rapide zu. Ungeschützte Geschlechtskontakte – hetero- oder homosexueller Natur – sind dabei Risikofaktor Nummer eins. Junge und ältere Paare, die miteinander schlafen, sollten unter keinen Umständen auf Kondome verzichten.

Stufen des Liebesspiels

Der Geschlechtsverkehr – der Liebesakt (das klingt poetischer) – hat drei Etappen: das Vorspiel, der Höhepunkt, der Ausklang.

Das Vorspiel ist eine Zeit der Einstimmung, des Kuschelns, des Schmusens und Spielens. Der fantasievollen Entdeckungsfreude sind dabei kaum Grenzen gesetzt. Alles ist richtig und gut, was beide wünschen und beiden Spaß macht.

Beim Vorspiel erregen sich beide Partner. Dies zeigt sich auch körperlich: rascher Herzrhythmus, schnelle Atmung, Erektion beim Mann, Feuchtwerden der Scheide bei der Frau. Dies passiert reflexartig (automatisch, ohne bewusste Steuerung). Die Körper der beiden Partner bereiten sich auf einen Geschlechtsverkehr vor. Frau und Mann haben sehr wohlige Empfindungen und steigern sich in einen Zustand großer Erregung. Sie pressen ihre Körper aneinander und sehnen sich nach einer Vereinigung. Das Überziehen des Kondoms über das steife Glied des Mannes kann Bestandteil des sexuellen Spiels sein.

Das Eindringen des erigierten Gliedes in die feuchte Scheide der Frau verstärkt die Erregung und Lust bis hin zur Ekstase. Es kommt zum nicht mehr zu überbietenden Höhepunkt, zum Orgasmus.

Der Ausklang ist das unverzichtbare Finale eines echten Liebesaktes. Viele Partner, besonders Frauen, mögen es sehr, wenn sie in der Position des Geschlechtsverkehrs liegen bleiben. Frau oder man ist glücklich erschöpft. Das Ineinanderruhen ist Ausdruck von Zuneigung und Zärtlichkeit. Nette Worte und weitere Liebkosungen verlängern das Fest und vermitteln Anerkennung. Bevor sein Glied abschwillt, zieht der Mann es vorsichtig aus der Scheide. Er hält dabei den Rand des Kondoms fest.

Unter Umständen ist der Ausklang das Vorspiel eines weiteren Liebesaktes. (Ein neues Kondom ist dabei nötig.)

Frauen und Männer spielen mit unterschiedlichen Regeln

Beim Liebesspiel können Frauen und Männer körperlich und psychisch unterschiedlich reagieren:

So »reicht« z.B. Frauen manchmal das Vorspiel. Sie könnten auf die Penetration gerne verzichten. Für viele Männer aber ist das Vorspiel nur ein Appetitanreger. Ohne Orgasmus fühlen sie sich gewissermaßen betrogen.

Der Orgasmus ist bei Männern identisch mit dem Moment des Samenergusses. Er ist im Zeitablauf klar auszumachen. Bei Frauen ist der Höhepunkt abgerundeter und gelegentlich nur schwer auszumachen, weil die Erregung sich weniger plötzlich entlädt und sanfter abklingt. Für manche Frauen ist dies auch eigentlich ohne Belang.

Nach dem Höhepunkt klingt die Erregung der Männer deutlich schneller ab als bei ihren Partnerinnen. Diese sind manchmal noch leidenschaftlich bei der Sache, wenn Männer schon denken, es sei alles vorbei.

Oft sind Frauen zu einem zweiten Liebesspiel schneller bereit als ihre männlichen Partner.

Nicht per Knopfdruck!

Besonders auch in ihrer Sexualität funktionieren Menschen nicht wie Automaten, die sich per Knopfdruck steuern lassen. Dort wo wir uns gehen lassen, nackt sind, uns dem anderen ausliefern, spielen Gefühle, Erinnerungen, Werte und Ansprüche eine umso wesentlichere Rolle. Wenn Partner sich gegenseitig zur Selbstbefriedigung gebrauchen (oder besser: missbrauchen), bleibt schnell jede Menschlichkeit auf der Strecke. Sex wird zum freudlos schalen Kick mit einem anonymen Gegenüber. Der berüchtigte One-Night-Stand erregt vor allem die Fantasie mancher Männer: mit einer (unbekannten) sexy Frau eine Nacht verbringen, ohne mit ihr eine Beziehung zu pflegen. Als Autoren werten wir diese Haltung unterschiedlich. Für Catherine zählt dabei vor allem das freie Einverständnis der beiden Partner; Mill hingegen befürchtet, dass beide dabei verarmen und sich selbst entfremden.

Menschen mit ihren Freuden und Ängsten, ihren Erinnerungen und Erwartungen reagieren weder auf Kommando noch nach dem Lehrbuch. Dies gilt besonders beim Liebesspiel.

Ich habe mich so auf die Rückkehr meines Partners gefreut und jetzt kommt doch keine Stimmung auf. Jetzt mit ihm schlafen? Ich könnte nicht.

Als es richtig darauf ankam, hat mein bestes Stück versagt. Ich bekam ihn nicht hoch ... Wahnsinn!

Er wollte unbedingt hören, dass es für mich toll war. Ich wollte ihn nicht enttäuschen. In Wirklichkeit habe ich nichts empfunden.

Sie will nur schmusen. Alles andere komme noch nicht infrage. Sie macht mich verrückt damit!

Blöder Orgasmus! Er macht daraus so'ne Sache und verpasst alles andere.

Toll, wenn sich ein Paar zusammen darüber austauschen kann! Dies ändert wohl nichts an der Unterschiedlichkeit der Bedürfnisse und Erwartungen. Das Gespräch schenkt aber kostbare Chancen des Verständnisses, des Respekts und der gemeinsamen Suche nach Lösungen.

Frauen und Männer, die wirklich »Erfahrung« haben, wissen:

- Verliebte Menschen haben nicht jeden Tag Lust auf Sex.
- Selbst junge, gesunde, selbstbewusste und potente Männer haben gelegentlich Erektionspannen (im richtigen Moment »keinen hochbekommen«).
- Liebende und innig geliebte Frauen können unter Umständen beim Liebesspiel trotzdem keinen Orgasmus erleben.
- Auch Partner, die einander sehr verbunden sind, erleben den Höhepunkt nicht unbedingt im selben Moment.
- Liebende haben in punkto Sex unterschiedliche Bedürfnisse.

Wenn Partner darüber nicht reden können, entstehen rasch belastende Spannungen. Diese vergiften das allgemeine Klima der Beziehung. Sie bedrohen vor allem das Liebes- und Sexualspiel.

Wollen Männer alle nur dasselbe?

Häufig wird geäußert, es seien eigentlich die Männer, die »immer bloß dasselbe« wollen. Demnach erwarten oder fordern Männer Geschlechtsverkehr und Frauen geben nach: um des lieben Friedens willen, um Männer zu binden, um der Partnerpflicht Genüge zu tun ...

Wir, die Autoren, meinen, dass ungeschriebene gesellschaftliche Regeln dabei eine Rolle spielen:

- »Männer ergreifen sexuelle Initiativen.«
- »Frauen dürfen geschickt verführen, aber nicht offen genitale Wünsche äußern.«
- »Richtige Männer nehmen keine Absagen hin.«
- »Frauen wollen bloß spielen und schmusen. Bei Männern zählt nur das Eine.«

- »Frauen sind sensibel und können ihre Partner verwöhnen.«
- »Männer sind auf Erektion und Orgasmus fixiert, möchten für ihre › Leistung ‹ anerkannt werden.«
- »Wenn Frauen ablehnen, dann tun sie nur so.«

Inwiefern gelten oder greifen solche Regeln noch heute? Ein Austausch dazu ist gewiss lohnend. Wie denken Mädchen und Jungen, vierzigjährige Frauen und Männer, Seniorinnen und Senioren? Was bedeutet in diesem Zusammenhang sexuelle Emanzipation? Der intergenerationelle Austausch über diese Fragen wäre sicher besonders spannend.

Die reiche Palette der Varianten

Es gibt beim Liebesverkehr viele unterschiedliche Positionen: liegen, stehen, knien, einander zugewendet, Bauch gegen Rücken ... Partner, die behutsam miteinander umgehen, können lustvolle Abenteuer genießen. Vorsicht: Selbst junge Liebende sind keine Akrobaten! Nur was beiden Spaß macht, für beide wohlig prickelnd bleibt, ist richtig.

Das gleiche Prinzip gilt beim Oral- oder Analsex. Das Wort oral bezieht sich auf den Mund: die Geschlechtsteile des Partners oder der Partnerin küssen, schmecken, saugen und ihn oder sie so bis zum Orgasmus bringen; das Glied in den Mund der Partnerin oder des Partners einführen und dort zur Ejakulation kommen. »Anal« bezieht sich auf den Darmeingang: den Partner durch Liebkosungen an den Pobacken sexuell stimulieren, in den Darm eindringen und dort zum Samenerguss kommen. Übrigens: Oral- und Analsex schützen vor ungewollter Schwangerschaft, aber nicht vor AIDS.

Während der Monatsblutung ist Geschlechtsverkehr grundsätzlich möglich. Es ist aber sehr verständlich, dass viele Frauen dies ablehnen. Insgesamt empfinden Frauen und Männer bei verschiedenen sexuellen Varianten Scham oder Ekel. Solche Gefühle sind zulässig. Wer meint, sie überspielen zu müssen, tut sich selbst nichts Gutes und vermiest aufregende Liebesspiele. Übrigens sind wir Menschen in diesem Bereich durchaus launisch: Was uns heute passt, mag morgen abstoßend auf uns wirken.

Wer lernt, behutsam und respektvoll mit sich selber zu sein, gewinnt menschliche Stärke. Nur seelisch starke Frauen und Männer sind tolle Liebhaber.

Tipps

Sexuelle Erfüllung – Zutaten eines Zaubertranks

Lasst euch viel Zeit!

Schafft euch die nötige Intimität!

Verzichtet auf Leistungsdruck!

Erforscht eure Körper!

Erfreut euch eurer Zärtlichkeit!

Seid spielerisch!

Lasst euch berauschen!

Genießt eure Leidenschaft!

Setzt euch nicht unter Druck!

Fixiert euch nicht auf den Orgasmus!

Redet miteinander!

Zeigt euch eure Anerkennung!

Schämt euch nicht eurer Gefühle!

Lasst es langsam ausklingen!

Geht liebevoll mit Pannen um!

Bleibt kreativ, fantasievoll und verspielt!

Das erste Mal

»Findest du mich eigentlich normal?«, lautete die überraschende Frage einer attraktiven Achtzehnjährigen auf dem gemeinsamen Rückweg in unseren Wohnort. »Na, wie kommst du zu der Frage? Wie findest du dich denn selber?« – »Ich weiß nicht ... Also, um es kurz zu machen: Ich hab noch nie mit einem Jungen geschlafen!« – »Hättest du denn bereits mit einem Jungen schlafen wollen?« – »Nein, eigentlich nicht!« – »O.k. Und warum stellst du dir die Frage, ob du normal bist?« – »Na ja, ich bin die Einzige in meiner Klasse.« – »Und woher weißt du das?« – »Da solltest du mal sehen, wie die reden und wie die so tun!« – »Und du? Wie redest du? Wie tust du?« – »Wie schon? Wie alle anderen auch!« – »Woraus ich schlussfolgere, dass in deiner Klasse unter Umständen kein einziges Mädchen Geschlechtsverkehr hatte!«

In der großen Bahnhofshalle hängen am Abend Gruppen von Jugendlichen herum. Ihre Anführer sind Achtzehn- oder Neunzehnjährige, die forsch auftreten. Neben ihnen stehen zwölf- bis dreizehnjährige Mädchen in knappen Röcken und eng anliegenden T-Shirts. Sie sind zu Hause ausgerückt und verbringen die Nacht mit ihren coolen »Helden«.

Die fünfzehnjährige Claudia wohnt in einem schäbigen Stadt-vorort. Sie hatte das Gefühl, alle Jungen machten sie an und woll-ten von ihr bloß das eine: Geschlechtsverkehr. Sie hat das Problem auf ihre Art gelöst und sich selber einen Freund ausgesucht. Sie schläft mit ihm, und er schützt sie vor der Anmache der Übrigen.

Paul (17) und Anne (16) haben sich vor etlichen Monaten bei einer Sportveranstaltung kennengelernt. Seitdem verbringen sie viel Zeit zusammen und können vieles miteinander teilen. Paul hat schnell begriffen, dass es bei ihm um mehr geht als nur um Freund-schaft. Anne reagierte positiv auf seine zaghaften Annäherungsver-suche. Vor einigen Tagen haben sie zum ersten Mal zusammen ge-schlafen. Pauls erster Geschlechtsverkehr! Er war emotional so be-rührt, dass er nachher weinte. »So romantisch war es noch nie!«, meint Anne.

Tabuthema als pädagogische Herausforderung

Ab wann ist es »normal«, Geschlechtsverkehr zu haben? Die realen Er-fahrungen heutiger Jugendlicher zeigen, dass sie weitaus weniger frei und locker sind, als Erwachsene – inklusive Eltern, Lehrer oder Erzieher – dies häufig vermuten. Bei der Frage, ab wann Sex richtig sei, stellen sie sich oft viele Fragen, fühlen sich unsicher, stehen unter Druck, erleben Gewalt.

Die Beispiele oben belegen verschiedene Erfahrungen und doku-mentieren, wie unterschiedlich Jugendliche reagieren. Etliche »springen rein« – aus Neugier, weil alle das machen, weil sie dazugehören wollen, weil sexuelle Avancen ihnen schmeicheln. Andere warten ab, wissen nicht so recht und haben das Gefühl, wichtige Erfahrungen zu verpassen (»Plötzlich bin ich 'ne alte Jungfer und hab noch nichts erlebt!«, meinte ganz ernsthaft eine verunsicherte Siebzehnjährige). Noch andere – wie Claudia – begreifen, dass sie eigentlich keine Wahl haben; Sex ist das notwendige »Schutzgeld«. Psychisch schwache oder seelisch verletzte Mädchen und Jungen sind häufig bereit, für etwas Beachtung oder Zuwendung schnell sexuelle Zugeständnisse zu machen. Eine allzu hohe Zahl Jugendlicher wurde in den Jahren ihrer frühen Kindheit sexuell missbraucht – das meistens im »geschützten« Raum der Familie (siehe *Sexuelle Gewalt an Kindern*). Wie Anne und Paul entscheiden viele Mädchen und Jungen frei und verantwortungsbewusst, erleben Sex als bereichernde und erfüllende Liebeserfahrung.

In diesem Kapitel möchten wir, die Autoren, Eltern und anderen Liebesboten einige Anregungen für das Gespräch mit Jugendlichen zu diesem Thema auf den Weg geben. Die Frage, ab wann Sex richtig sei, wurde in unserer sexuell »freien« Zeit zum Tabuthema: »Man tut's! Was sollte man lang darüber quatschen?« Dabei besteht die Aufgabe der Sexualerzieher weniger darin, das Tun junger Menschen zu billigen oder abzulehnen, zu ermutigen oder zu bestrafen. Dies wäre wenig hilfreich. Es geht darum, die Fragen Jugendlicher aufzugreifen und sie mit ihnen zu vertiefen, ihnen Orientierung anzubieten, reale Erfahrungen aufzuarbeiten, junge Menschen für freie und selbstbewusste Sexualinitiativen stark zu machen.

Stellenwert des Geschlechtsverkehrs

Was bedeutet Geschlechtsverkehr? Viele Menschen meinen, er ist das schönste und kostbarste Geschenk, das Liebende einander machen können. Der Liebesakt ist demnach nur richtig, wenn zwei Menschen ihre Beziehung vertieft haben und sich ihrer gegenseitigen Liebe sicher sind. Wer noch weiter geht, sieht im Geschlechtsverkehr den Akt, der das endgültige und unwiderrufliche Jawort besiegelt, das zwei Brautleute bei ihrer Hochzeit austauschen. In ihrer Hochzeitsnacht haben die Jungvermählten ihren ersten Sexualverkehr. Dieses Ideal galt für gläubige Katholiken über lange Jahrhunderte.

In ihrer Jugend wurden die heutigen Senioren damit auch regelrecht gegängelt. Geschlechtsverkehr vor und außerhalb der Ehe war streng untersagt, wurde als schwerwiegendes moralisches Vergehen angesehen. Mädchen oder Frauen, die trotzdem Verkehr hatten, wurden als billige Flittchen oder Huren abgestempelt.

Im Gegensatz hierzu steht die Haltung der totalen Banalisierung. Geschlechtsverkehr entspannt und macht Spaß. Gefühle und Beziehungen haben damit nichts zu tun, führen bloß zu unnützen Komplikationen. Beim Partner zählt vorrangig seine genitale Attraktivität: »Sie oder er soll mir einen lustvollen genitalen Höhepunkt ermöglichen!«

Manche Frauen und Männer preisen diese Sicht der Dinge als ultimative sexuelle Befreiung. Geschlechtsverkehr nach dem Motto: möglichst früh, möglichst oft, mit sexy Partnern, für meinen Spaß. Wer da nicht mithält, gilt als verklemmt, langweilig und spießig.

Unsere Sexualität – der Geschlechtsverkehr ist ihr schönster Ausdruck – lässt sich nicht abspalten von unserer Persönlichkeit. Sie bleibt in jeder Phase geprägt durch Gefühle, Ansprüche, Werte, Erfahrungen und Erinnerungen. Sexualität ist reiche, farbige und warme Kommunikation. Wer sie zur Lusttechnik verkürzt, verarmt und entwertet sich selber und den Partner. Wenn Menschen beim Sex auf nichts weiter als die eigene Befriedigung aus sind, bringen sie einander meistens um das, was sie am ehesten suchen: Spaß und Lust.

Gute Voraussetzungen für frohen Sex

Geschlechtsverkehr zwischen zwei Menschen macht Sinn und ist richtig unter gewissen Voraussetzungen:

- Beide sind frei, sie wissen, worauf sie sich einlassen. Sie stimmen zu, ohne unter Druck zu stehen.
- Sie entscheiden und handeln als ebenbürtige (gleichwertige) Partner, die nicht voneinander abhängig sind (anders als z.B. Lehrer – Schüler oder Therapeut – Patient).

- Beide sind einander zugetan und wollen einander Gutes.
- Sie finden sich körperlich attraktiv und begehrenswert (»Kribbeln im Bauch«).
- Die sexuelle Begegnung bereichert die Beziehung und beide leben darin auf.

Wir, die Autoren, glauben nicht, dass Zwölf-, Dreizehn- oder auch Vierzehnjährige seelisch reif sind, um diesen Maßstäben gerecht zu werden. Der erste Geschlechtsverkehr darf nicht zum Rennen gegen die Zeit werden. Bei diesem sinnlosen Wettlauf gibt es in aller Regel nichts zu gewinnen und viel zu verlieren.

Selbstverständlich stehen Mädchen und Jungen dabei unter Druck:

- Sexuelle Bedürfnisse, Sehnsüchte, Fantasien, Träume, Ängste, Scham- und Schuldgefühle bilden ein seelisches Knäuel, das sich nur schwer entwirren lässt.
- In der Clique genießen Frauen und Männer »mit Erfahrung« häufig einen höheren Status.
- Ungeschriebene Gruppenregeln lassen vermuten, dass alle anderen »bereits haben«. Frau oder man kommt sich als leicht »abnormer« Außenseiter vor.
- Der Partner (seltener die Partnerin) fordert Geschlechtsverkehr als Beweis der Zuneigung: »Wenn du mich wirklich liebst ...«

Das erste Mal – Freude oder Qual?

Aus vielen Gründen ist der erste Geschlechtsverkehr längst nicht immer eine sehr beglückende Erfahrung. Jungen und Mädchen fürchten, sich vor dem Partner zu blamieren, ungeschickt zu agieren, erforderliche Techniken nicht zu beherrschen. Sie haben Angst, ihre Scheide sei zu eng oder ihr Glied nicht groß genug. Einige Jungen sind in Sorge, im richtigen Augenblick zu »versagen«: Die Erektion bleibt aus; sie ist nicht stark genug, um beim Mädchen eindringen zu können; der Samenerguss kommt zu früh ... Gelegentlich setzen sich beide Partner selbst so unter Druck, dass der närrische und verspielte Charakter des Geschlechtsverkehrs verloren geht.

Ein Partner, der nicht aus freien Stücken eingewilligt hat, der überrumpelt wurde, wird selbst kaum Freude und Spaß erleben. Er ist zudem außerstande, seinen Partner zu verwöhnen und zu beglücken. Geschlechtsverkehr ist dann freudlos und schal.

Erste Erfahrungen sollte man keineswegs in ihrer Bedeutung überbewerten. Geglückte und erfüllende Erlebnisse sind kein Garant für später. Umgekehrt gilt das genauso. Trotzdem ist es toll, wenn es auch beim ersten Mal klappt. Eine erste geglückte Begegnung schenkt den Liebenden tiefe Freude und großes Glück. Sie begeistert, belebt, befreit, dynamisiert und verzaubert. Die Bindung wird reicher, tiefer und farbenfroher.

11 Tipps fürs erste Mal

1. Überrumpelt und vereinnahmt euch nicht gegenseitig.

2. Nehmt euch viel Zeit.

3. Sucht einen Platz auf, wo ihr es bequem habt und wo ihr ungestört seid.

4. Schützt eure Intimität.

5. Gestaltet das Vorspiel als spielerisches Fest. Schmust mit viel Entdeckerfreude und Fantasie.

6. Sagt einander, was schön ist und guttut. Verwöhnt einander.

7. Entspannt euch. Lasst euch gehen. Es darf wohlig gestöhnt werden.

8. Lasst das Überstreifen des Kondoms in euer Liebesspiel mit einfließen.

9. Helft einander beim Eindringen des Penis in die Scheide. Bleibt dabei empfindsam, behutsam, zärtlich und verspielt.

10. Schämt euch nicht wegen kleiner »Pannen«. Humor hilft, sie zu überbrücken.

11. Lasst euer gemeinsames Fest langsam ausklingen. Besonders Mädchen schätzen Streicheleinheiten auch danach.

Verantwortung teilen

Bei jedem Geschlechtsverkehr sollten sich beide Partner vor unerwünschter Schwangerschaft und vor AIDS schützen. Der erste Verkehr ist genauso risikoreich wie alle anderen auch. Kondome schützen vor AIDS. Unterschiedliche Verhütungsmittel, vor allem die Pille, schützen Paare vor ungewollter Schwangerschaft. Der Schutz ist keineswegs Frauen-kram, der Männer nicht zu kümmern braucht. In ihrer Art, sich fürsorglich und verantwortlich zu verhalten, beweisen Männer, wie partnerschaftsfä-hig sie sind. Falls ihr Partner diesen Test nicht besteht, sollte eine Frau ihn schnellstens als echten Risikofaktor abschreiben. Mehr zum Thema Ver-hütung findet sich auf den Seiten 159–174.

Eine kleine kreisförmige Haut schließt teilweise den Zugang zur Schei-de. Die vorhandene Öffnung ist nicht groß genug, damit das Glied beim Geschlechtsverkehr eindringen kann. Häufig reißt diese Haut (Hymen, Jungfernhäutchen) beim ersten Geschlechtsverkehr. Die kleine Wunde schmerzt und sondert etwas Blut ab. Es ist umso wichtiger, liebevoll und behutsam miteinander umzugehen. Ein Handtuch schützt das Laken oder die Decke.

Geheimnisse rund um die Liebe sind zumeist schlechte Ratgeber. Dies gilt vorerst für die beiden Liebenden untereinander. Frau oder man hat es gewiss nicht nötig, einander etwas vorzumachen. Es ist keines-wegs beschämend, bislang noch mit niemandem geschlafen zu haben. Zum anderen ist auch Erfahrung nur dann eine Schande, wenn frau oder man damit auftrumpft und so die früheren Partner zu billigen Trophäen macht.

Und die Eltern?

Es ist gut, wenn beide Partner auch mit den Eltern offen und freimütig re-den können, wenn es ohne Geheimniskrämerei und ohne Lügen geht. Fürsorgliche Eltern ahnen ohnedies, wie es um ihre Kinder steht und was diese bewegt.

Viele Eltern reagieren auch ihren jugendlichen Kindern gegenüber besorgt. Sie möchten sie schützen und ihnen schmerzliche Erfahrungen ersparen. Häufig tun Eltern sich schwer damit, ihre Kinder loszulassen und sie als eigenverantwortliche junge Erwachsene ziehen zu lassen. Fürsorgliche Eltern sind gelegentlich »anstrengend«, aber doch kost-

bare Schätze. Kinder wissen, dass sie auf ihre Liebe und ihre Wertschätzung zählen können. Dabei geht es nicht ab ohne Auseinandersetzungen.

Besonders pubertierenden Jugendlichen gegenüber behalten Eltern die Aufgabe, Grenzen zu setzen. Es sind dies Grenzen, die schützen und orientieren. Die Freiräume, die Jugendliche zu Recht beanspruchen, sollten sie sich weder hinter dem Rücken der Eltern erstehlen
noch erpressen (»Wenn du mich lieb hast ...«). Frau oder man tut gut
daran, sie in der offenen und respektvollen Konfrontation auszuhandeln.
Ab einem gewissen Alter gehört dazu auch die »sturmfreie Bude« zu
Hause. Die Gegenleistung: Hausgäste werden vorgestellt und beachten die Familienregeln.

Steckbrief

Dringend gesucht (m/w):

Dankbare Abnehmer

Sensible Artisten

Treue Beschützer

Fantasievolle Entdecker

Behutsame Eroberer

Loyale Freunde

Respektvolle Geber

Frohe Genießer

Zärtliche Könner

Starke Prinzen

Tolle Schmuser

Liebevolle Streiter

Kreative Träumer

Charmante Zauberer

Verhütung –
gewusst wie!

Unsere Sexualität ist eine reiche Gabe, die uns anvertraut ist. In der sexuellen Begegnung schenken Frau und Mann einander Freude und Liebe. Allerdings hat unsere Sexualität eine weitere wesentliche Funktion: die Weitergabe neuen Lebens.

Wer Kinder zeugt und in die Welt setzt, übernimmt eine große und sehr verantwortungsvolle Aufgabe. Junge Paare haben sich meistens noch nicht fest gebunden; beide Partner bleiben häufig noch von ihrer Familie abhängig (Wohnung, Geld, Studium). Zum einen ist also oft die Zeit noch nicht reif für eigene Kinder. Zum anderen möchten die Partner auf Geschlechtsverkehr nicht verzichten. Dies setzt voraus, dass das Paar sichere Verhütungsmittel gebraucht, die es vor ungewollter Schwangerschaft schützen.

Selbstverständlich ist Verhütung nicht nur ein Thema für jugendliche Verliebte. Die Frau ist fruchtbar bis ins Alter der Menopause (etwa um 50), der Mann bis an sein Lebensende. Innerhalb der für Frauen geltenden Altersgrenze ist jeder Geschlechtsverkehr prinzipiell offen für das neue Leben. Bei jedem Geschlechtsverkehr – dies auch innerhalb einer glücklichen Ehe – stellt sich für beide Partner dieselbe Frage: Könnten wir zum jetzigen Zeitpunkt ein (weiteres) Kind verantworten?

Die Menschen verhüten schon seit Tausenden von Jahren, aber die Vielfalt und die Wirksamkeit der zur Verfügung stehenden Möglichkeiten waren noch nie so groß wie heute. Die breite Palette unterschiedlicher Mittel und Methoden der Empfängnisregelung gibt uns eine große Freiheit bei der Gestaltung unserer Sexualität. Selbstverständlich wirft sie auch eine ganze Reihe Fragen auf:

- Welches Mittel ist das richtige für mich/uns?
- Was sind Vor- und Nachteile unterschiedlicher Methoden?
- Gibt es gesundheitliche Risiken? Sind diese in bestimmten Altersphasen kleiner oder größer?
- Gibt es sichere Verhütungsmittel für Männer?
- Bestehen moralische Bedenken der einen oder anderen Methode gegenüber?

Wir werden in diesem und im nächsten Kapitel versuchen, diese Fragen zu beantworten. Es empfiehlt sich, zur Einstimmung und zum besseren Verständnis vorher das Kapitel zur Menstruation zu lesen.

Verhütung ist immer ein Thema für beide Partner. Mann und Frau sollen zusammen entscheiden, welche Methode sie wann benutzen wollen, die dadurch entstehenden Kosten teilen und gemeinsam für eine sichere Anwendung sorgen. Da es außer dem Kondom kaum ein Verhütungsmittel für den Mann gibt, fällt die Entscheidung oft auf die Frau zurück.

Ein erstes wesentliches Wahlkriterium ist der Sicherheitsgrad des Verhütungsmittels: Wie zuverlässig wirkt es? Mehrere Methoden sind erwiesenermaßen wirksam, aber jede hat ihre Vor- und Nachteile. Außerdem kann die sicherste Methode ungeeignet sein, wenn die Frau sie schlecht verträgt. Es ist also wichtig, dass jede Frau herausfindet und bestimmt, welches für sie persönlich das beste Verhütungsmittel ist.

Trotz der vielen verschiedenen Verhütungsmittel und einer intensiveren Aufklärung in Schule und Medien, steigt die Zahl der ungewollten Schwangerschaften bei Mädchen zwischen 14 und 16 Jahren ständig. Viele Mädchen und Jungen scheinen nach wie vor nicht ausreichend informiert zu sein. Sie verkennen die Vorgänge im eigenen Körper, wissen möglicherweise nicht, welche Mittel zur Verfügung stehen oder wie man sie anwendet. Viele junge Paare geben sich der Illusion hin, »beim ersten

Mal könne ohnehin nichts passieren«, oder sie gehen unverantwortbare Risiken ein. Eine ungewollte Schwangerschaft ist kein Kinder-Spiel. Demnach gilt vorerst folgendes Prinzip: Selbst eine unzulängliche Verhütung ist besser als keine Verhütung.

Verhüten muss man ab dem ersten Geschlechtsverkehr! Auch beim ersten Mal kann frau schwanger werden, dies unter Umständen sogar vor der ersten Monatsblutung. Außerdem ist es wichtig zu wissen, dass es auch ohne Penetration zur Schwangerschaft kommen kann. Beim Petting z.B. kann der Samen des Mannes in die Scheide gelangen und ein Ei befruchten. Es ist deshalb unentbehrlich, auch dann schon an Verhütung zu denken.

Kondom (Präservativ, Gummi, Verhüterli, Pariser)

Das Kondom ist eine feine Gummihaut, die man vor dem Eindringen über den erigierten Penis zieht. Das Kondom ist leicht zugänglich, man kann es in Supermärkten, Apotheken, Drogerien und Automaten kaufen. Es sollte mit dem CE-Kennzeichen und dem Haltbarkeitsdatum versehen sein. Nur dann kann man sicher sein, dass es den Normen entspricht und sicher verhütet.

Das Kondom ist das einzige Verhütungsmittel, das auch gegen Geschlechtskrankheiten und AIDS schützt. Es ist darum unentbehrlich am Anfang jeder Beziehung. Erst wenn beide Partner einen Test gemacht haben und sicher sind, dass sie nicht krank sind, kann man auf Kondome verzichten – wenn man auf andere Verhütungsmittel zurückgreift. Zusätzlich zum Kondom – dem besten Schutz vor AIDS – kann das Paar ein weiteres und wirkungsvolleres Verhütungsmittel einsetzen.

Die richtige Handhabung des Kondoms ist für die Garantie seiner Sicherheit unbedingt notwendig. Eine Beschreibung liegt deshalb in jeder Kondompackung bei. Man kann ruhig vor dem ersten Geschlechtsverkehr schon das Überziehen des Kondoms üben. Das erste Mal ist oft sehr aufregend, es wäre schade, die Stimmung durch das Studieren der Beschreibung oder Probleme mit dem Überziehen zu verderben.

- Beim Aufreißen der Verpackung darauf achten, dass das Kondom nicht beschädigt wird, z.B. mit den Fingernägeln oder durch Schmuck.
- Das Kondom erst über den Penis ziehen, wenn dieser voll erigiert ist (hart, steif, stehend). Das Reservoir unten mit zwei Fingern zusammendrücken, um die Bildung einer Luftblase zu verhindern. Das Reservoir soll den Samen auffangen.
- Das Kondom über die gesamte Penislänge abrollen, bevor es zur Berührung von Penis und Vagina kommt.
- Nach der Ejakulation, spätestens aber vor dem Erschlaffen des Penis das Kondom vorsichtig aus der Vagina herausziehen; dabei mit zwei Fingern den oberen Rand des Präservativs festhalten.
- Gebrauchte Kondome auf keinen Fall nochmals benutzen.
- Gebrauchte Kondome nicht in die Toilette werfen.
- Die Sicherheit des Kondoms liegt bei 86 bis 99 %.

Pille (Antibabypille)

Die Pille ist ein empfängnisverhütendes Mittel auf hormonaler Grundlage. Es gibt zwei Arten von Antibabypillen.

Die Kombinationspille wird jeden Tag von der Frau um etwa die gleiche Zeit eingenommen. Sie heißt Kombinationspille, weil sie zwei weibliche Hormone enthält: Östrogen und Gestagen (Progesteron). Sie unterbindet den Eisprung und somit eine Schwangerschaft. Außerdem verhindert sie das Einnisten eines dennoch befruchteten Eis. Schließlich erschwert sie das Eindringen der Spermien in die Gebärmutter, indem sie den Schleimpfropf im Gebärmuttermund undurchlässig macht.

Nach 21 Tagen wird das Einnehmen eine Woche ausgesetzt. Während dieser 7 Tage bekommt die Frau ihre Periode. Der Schutz gilt auch während dieser Zeit, aber die Pille muss unbedingt am 8. Tag wieder eingenommen werden, um die Sicherheit zu gewährleisten. Diese Pause ist nicht unbedingt notwendig. Eine Frau kann ausnahmsweise, z.B. während der Ferien, ohne Unterbrechung die Pille weiter einnehmen. Länger als 6 Wochen sollte sie die Pille jedoch nicht nacheinander nehmen, da sonst Blutungen während der Pilleneinnahme einsetzen können.

Die Minipille enthält kein Östrogen und muss daher ununterbrochen jeden Tag eingenommen werden. Die Pause nach jeweils 3 Wochen fällt weg. Um ihre Sicherheit zu gewährleisten, muss die Frau sie jeden Tag um genau dieselbe Zeit einnehmen.

Bei richtiger Handhabung liegt die Zuverlässigkeit der Pille bei 99,5 %. Ihre Wirkung kann aussetzen, wenn sie vergessen oder nicht zur richtigen Zeit eingenommen wird. Einige Arzneimittel (z.B. Antibiotika) können die Wirksamkeit der Pille beeinflussen. Es ist notwendig, sich darüber mit dem Arzt zu beraten. Starkes Erbrechen oder Durchfall können ebenfalls das Schwangerschaftsrisiko erhöhen. Es empfiehlt sich, in all diesen Fällen zusätzlich ein Kondom zu benutzen – bis zum Anfang einer neuen Pillenpackung.

Die Pille kann normalerweise ab der ersten Monatsblutung benutzt werden. Jedoch ist es besser zu warten, bis der Zyklus regelmäßig ist (nach rund einem Jahr). Manchmal verschreibt der Frauenarzt die Pille auch, um Akne oder Monatsbeschwerden zu erleichtern.

Die Pille kann einige Nebenwirkungen mit sich bringen, hauptsächlich am Anfang der Einnahme: Gewichtszunahme (gewöhnlich vorübergehend) oder Gewichtsverlust, Stimmungsschwankungen, Zwischen- oder Schmierblutungen, Kopfschmerzen, Ausbleiben der Periode, Übelkeit, Spannungsgefühl in den Brüsten, Farbveränderungen der Haut (Pigmentverschiebung), Nachlassen der Lust auf Sex.

Die Pille ist rezeptpflichtig, muss also vom Arzt verschrieben werden. Es ist jedoch nicht notwendig, eine Erlaubnis der Eltern vorzulegen.

Vaginalring (NuvaRing)

Der Vaginalring ist eine relativ neue Verhütungsmethode für Frauen. Er ist eine gute Alternative zur Pille, da er ähnlich funktioniert wie diese, aber leichter anzuwenden ist. Der Ring ist aus Kunststoff und hat einen Durchmesser von ungefähr 54 Millimetern. Er wird von der Frau in die Vagina eingeführt und sondert dort über 3 Wochen weibliche Hormone ab. Nach diesen 21 Tagen wird der Ring herausgenommen. Nach einer Pause von einer Woche wird ein neuer Ring eingesetzt. Der Ring darf innerhalb der 3 Wochen nicht aus der Scheide entfernt werden, weil er sonst seine Wirksamkeit verliert.

Gegenüber der Pille hat der Ring den Vorteil, dass man nicht jeden Tag daran denken muss. Da die Hormone direkt über die Schleimhaut der Scheide ins Blut gelangen, ist eine geringere Hormondosis ausreichend. Somit ist der Ring oft verträglicher als die Pille. Auch Durchfall oder Erbrechen neutralisieren die Schutzwirkung des Ringes nicht. Seine Zuverlässigkeit liegt wie bei der Pille bei rund 99 %. Er ist jedoch wesentlich teurer als Letztere. Ein weiterer Nachteil ist, dass Paare gelegentlich den Ring beim Geschlechtsverkehr spüren.

Verhütungspflaster (»Patch«)

Das »Patch« ist ein 4,5 x 4,5 cm großes Pflaster, das auf die Haut aufgeklebt wird. Es enthält die gleichen Hormone wie die Pille. Über 7 Tage werden die Hormone über die Haut aufgenommen. Während 3 Wochen wird alle 7 Tage ein neues Patch auf einem anderen Hautteil aufgeklebt. Darauf folgt eine »freie« Woche, während der die Monatsblutung eintritt.

Das Verhütungspflaster hat ähnliche Vorteile wie der Vaginalring. Frau muss nicht jeden Tag daran denken. Da das Patch den Magen-Darm-Trakt umgeht, haben Erbrechen oder Durchfall keinen Einfluss auf seine Zuverlässigkeit. Die Wirksamkeit liegt wie bei der Pille um 99 %. Das Pflaster kann so aufgeklebt werden, dass man es nicht sieht (Arm, Po, Bauch). Es klebt fest und geht beim Schwimmen oder bei sonstigen Anstrengungen nicht ab. Das Patch ist jedoch wesentlich teurer als die Pille.

Hormonimplantat (Implanon)

Das Implanon ist ein kleiner Stift (3 cm) aus Kunststoff, der unter die Haut des Unter- oder des Oberarms eingepflanzt wird. Der Stift sondert das Hormon Gestagen (Progesteron) an den Körper ab. Ein Implanon schützt während 3 Jahren vor Schwangerschaft, indem es den Eisprung verhindert und den Muttermund für Spermien undurchlässiger macht. Es besitzt die höchste Zuverlässigkeit der hormonellen Verhütungsmittel – fast 100 %.

70 % der Frauen, die auf diese Methode zurückgreifen, bekommen ihre Blutung nicht mehr oder ganz unregelmäßig. Nach der Entfernung des Stiftes allerdings setzt der normale Zyklus wieder ein. Als häufige Nebenwirkungen gelten (ähnlich wie bei der Pille): Gewichtszunahme, Kopfschmerzen, Akne, Stimmungsschwankungen, Spannungsgefühle in den Brüsten und ein Nachlassen der Lust auf Sex. Nach dem Entfernen des Implantats bleibt manchmal eine Narbe zurück.

Spirale

Die Spirale ist ein Langzeitverhütungsmittel (3–5 Jahre). Sie ist in zwei Formen erhältlich.

Die *Kupferspirale* gibt laufend kleine Mengen Kupfer ab, die den Aufbau der Gebärmutterschleimhaut verändern. Sie verhindert so die Einnistung eines befruchteten Eis. Zusätzlich verhärtet sie den Schleimpfropf im Gebärmutterhals – Spermien können nicht in den Uterus eindringen. Der Vorteil der Kupferspirale liegt darin, dass sie nicht in den Hormonhaushalt der Frau eingreift: der Eisprung und die Monatsblutung bleiben unverändert.

Die *Hormonspirale* gibt örtlich in der Gebärmutter geringe Mengen des Hormons Gestagen (Progesteron) ab. Auch sie verhindert das Eindringen von Spermien und die Einnistung eines Eis. Diese Spirale ist äußerst wirksam – ihre Sicherheit ist vergleichbar mit einer Sterilisation.

Die Spirale muss vom Frauenarzt in die Gebärmutter eingesetzt werden, was schmerzhaft sein kann. Der richtige Sitz der Spirale muss regelmäßig durch einen Ultraschalltest überprüft werden. Häufigere Eierstockentzündungen sowie sehr starke Monatsblutungen sprechen gegen eine Kupferspirale. Die Hormonspirale hat ähnliche Nebenwirkungen wie die Pille. Beide Sorten Spirale können Entzündungen hervorrufen. Schließlich erhöhen sie das Risiko einer Eileiterschwangerschaft – die Ansiedlung eines befruchteten Eis im Eileiter.

Diaphragma

Das Diaphragma ist wie das Kondom ein nichthormonelles Verhütungs-mittel. Das Diaphragma besteht aus einer Latexhaut, ist wie eine halbrun-de Kuppel geformt und über einen Gummiring gespannt. Der Frauenarzt muss diese Gummikappe (6–10 cm Durchmesser) verschreiben und sie an die Größe des Gebärmutterhalses anpassen. Zusammen mit einem Verhütungsgel wird das Diaphragma zur Barriere, die die Spermien da-ran hindert, in die Gebärmutter einzudringen.

Das Diaphragma wird kurz vor dem Geschlechtsverkehr in die Schei-de eingeführt; danach muss es noch mindestens 8 Stunden dort bleiben; in dieser Zeitspanne sind alle Spermien inaktiviert. Es kommt kaum zu Ne-benwirkungen, die Anwendung braucht allerdings einige Übung und Dis-ziplin. Die Zuverlässigkeit des Diaphragmas beträgt (bei richtiger Anwendung) 93–96 %.

Die »Pille danach«

Die »Pille danach« ist kein Verhütungsmittel, sondern sollte nur im Notfall angewendet werden. Sie wird benutzt, wenn ein Paar ungeschützten Ge-schlechtsverkehr hatte und eine Schwangerschaft nachträglich aus-schließen will, z.B. nach einem Verkehr ohne Verhütung, Vergessen der Pille oder Riss des Kondoms.

Die »Pille danach« besteht in Wirklichkeit aus zwei Tabletten. Die ers-te davon muss unbedingt innerhalb der ersten 72 Stunden (3 Tage) nach dem ungeschützten Verkehr eingenommen werden, die zweite 12 Stun-den nach der ersten. Die »Pille danach« unterbindet je nach Zyklusphase entweder den Eisprung oder die Einnistung eines befruchteten Eis. Sie verhindert so die ungewollte Schwangerschaft. Je schneller sie einge-nommen wird, umso kleiner ist das Risiko einer Schwangerschaft. Ein zu häufiges Einnehmen der »Pille danach« kann zu einer Unregelmäßigkeit des Zyklus führen. Sie schützt nicht bei Geschlechtsverkehr nach der Einnahme. Das Paar soll dann auf Kondome zurückgreifen, bis eine nächste Monatsblutung eingesetzt hat.

Natürliche Verhütung

Ein Paar verhütet natürlich, wenn es dabei auf physische und chemische Hilfsmittel verzichtet.

Der bekannteste Weg dabei ist sicherlich der Coitus Interruptus (»Abgebrochener Geschlechtsverkehr« in der wortwörtlichen Übersetzung). Beim Coitus interruptus kommt es zur Penetration, aber vor der Ejakulation zieht der Mann sein Glied aus der Scheide zurück. Diese Methode ist äußerst unzuverlässig.

Die Kalendermethode, die Temperaturmethode oder die Schleimstrukturmethode bestehen darin, den Zyklus der Frau genau zu beobachten, um so festzustellen, an welchen Tagen sie fruchtbar ist.

Die Zyklusbeobachtung zur Empfängnisregelung bietet sichere Vorteile:

- Sie greift nicht in den natürlichen Hormonhaushalt einer Frau ein. Sie ist »ökologisch« einwandfrei.
- Sie setzt voraus, dass die betroffenen Frauen sich intensiv mit sich selbst und ihrem Körper auseinandersetzen. Viele dieser Frauen reagieren begeistert.
- Sie basiert auf einer intensiven und respektvollen Beziehung der Partner. Es ist dabei nicht möglich, Sex beliebig zur reinen Befriedigung zu konsumieren.
- Sie verzichtet darauf, keimendes menschliches Leben zu zerstören. Dies bewirken alle Mittel, die die Einnistung einer befruchteten Eizelle unterbinden. Dazu gehört vor allem die »Pille danach«.

Wir, die Autoren, möchten aber auch die Nachteile unterstreichen:

- Die genannten Methoden sind insgesamt vergleichsweise wenig sicher. Sie sind besonders risikoreich, wenn der Geschlechtszyklus der Frau (noch) unregelmäßig ist.
- Sie können eine wertvolle Alternative sein, aber nur für Paare, die in einer glücklichen und harmonischen Beziehung miteinander leben.

- Sie erfordern seitens beider Partner viel Disziplin sowie auch die Bereitschaft, regelmäßig auf Geschlechtsverkehr zu verzichten.
- Aus diesen Gründen raten wir Jugendlichen davon ab.

Sterilisation

Die Sterilisation ist ein operativer Eingriff, bei dem der Arzt die Eileiter (bei der Frau) oder die Samenleiter (beim Mann) durchtrennt und abbindet. Diese Methode ist natürlich äußerst wirksam (siehe *Geschlechtsorgane – Wunder der Natur*). Sie bedeutet allerdings auch, dass die Betroffenen endgültig darauf verzichten, Kinder zu zeugen. Schon aus diesem Grunde kommt sie für junge Menschen nicht infrage. Wir gehen in diesem Kapitel darauf nicht weiter ein.

Der Besuch beim Frauenarzt

Der Frauenarzt (Gynäkologe) oder die Frauenärztin sind oft gefürchtet, vor allem von jungen Frauen, die ihren ersten Besuch noch vor sich haben. Dieser Arztbesuch ist jedoch spätestens dann notwendig, wenn das Mädchen Geschlechtsverkehr haben möchte und andere Verhütungsmittel als das Kondom benutzen will. Abgesehen vom Kondom sind nämlich alle Mittel rezeptpflichtig und können nur in einer Apotheke erstanden werden. Die Frage nach einer sicheren Verhütung sollte nicht erst nach dem ersten Geschlechtsverkehr gestellt werden.

Die Angst vor dem Frauenarzt oder der Frauenärztin hat unterschiedliche Gründe. Zum einen weiß frau vor dem ersten Besuch oft nicht, was sie erwartet. Sie befürchtet, die Untersuchung könne schmerzhaft sein. Zum anderen empfindet sie Unsicherheit, Angst und Scham, weil sie nun einem fremden Menschen ihre intimsten Körperteile zeigen soll.

Wie verläuft der Besuch bei Frauenart oder -ärztin?

Gespräch des Arztes mit seiner neuen Patientin; Fragen des Arztes: Wohlbefinden, gesundheitliche Probleme, Allergien, Familienkrankheiten, Menstruation, sexuelle Erfahrungen, Gebrauch von Verhütungsmitteln, eventuelle frühere Schwangerschaft, eventuelle Fehlgeburt oder Abtreibung,

Abtasten des Halses, der Achselhöhlen und der Brüste nach eventuellen Schwellungen (übrigens sind diese meistens gutartig),

Untersuchung der Scheide und des Gebärmutterhalses auf dem gynäkologischen Stuhl; Einführen eines kleinen Spiegels, des Spekulums,

Abtasten der übrigen Geschlechtsteile nach eventuellen Schwellungen und Knoten auf dem gynäkologischen Stuhl; Abtasten der Bauchdecke,

eventuell: Ultraschallbilder der Beckenregion mit den inneren Geschlechtsorganen,

Abstrich des Gebärmutterhalses zur Früherkennung von Krebs (Untersuchung im Labor),

eventuell: Verordnung von Blutuntersuchungen (AIDS, Entzündungen) und Urintests (Funktion von Blase und Nieren).

Keine dieser Untersuchungen verursacht Schmerzen, es sei denn der Arzt handelt ungeschickt. Bei einer Frau, die noch nie Geschlechtsverkehr hatte, wird häufig nur ein Ultraschalltest durchgeführt. Der Arzt verhindert so, bei seiner Untersuchung das Jungfernhäutchen zu verletzen.

169

Es ist gewiss sehr wichtig für jede Frau, sich einen »guten« Gynäkologen auszusuchen. Das fängt an mit der Frage, ob sie dabei eine Frau oder einen Mann vorzieht. Wesentlich ist, dass sie Vertrauen zu ihrem Arzt aufbauen kann. Mit ihm muss sie frei und ohne Angst über ihre Sexualität, ihre Paarbeziehungen, ihre Freuden und Ängste, später ihre Schwangerschaften und Geburten reden können. Neben einer soliden medizinischen Kompetenz müssen der Frauenarzt und die Gynäkologin viel Sensibilität, Takt, Diskretion und Verständnis aufbringen. Es lohnt, sich rechtzeitig zu informieren, Empfehlungen einzuholen, sich bei Freundinnen zu erkundigen. Übrigens ist jeder Arzt an die Schweigepflicht gebunden – dies auch dem Partner oder den Eltern gegenüber.

Der erste gynäkologische Besuch ist ein großer Schritt für jede junge Frau. Falls sie sich dann sicherer fühlt, sollte sie nicht zögern, sich dabei begleiten und unterstützen zu lassen (von der Mutter, der großen Schwester, einer Freundin ...). Frauen, die einen Zykluskalender führen, sollten diesen nicht vergessen. Die Antworten auf die zu erwartenden Fragen des Arztes können zu Hause vorbereitet werden. Ein Mädchen sollte sich nicht schämen, beim ersten Besuch der Ärztin oder dem Arzt ihre Unsicherheit oder ihre Angst anzuvertrauen. Dies ist übrigens schon ein wirkungsvoller Test, um sein Verständnis und seinen Respekt zu überprüfen.

Die Frauenarztpraxis ist für Männer keineswegs eine Sperrzone. Beim beratenden Gespräch über das geeignete Verhütungsmittel oder den sicheren Schutz gegen Geschlechtskrankheiten sollte der Freund oder Partner eigentlich nicht fehlen.

Verhütung bedenken: moralische Überlegungen

Dass Paare heute über wirkungsvolle Verhütungsmittel verfügen, gehört sicher zu den herausragenden Fortschritten des 20. Jahrhunderts. Viele sprechen in diesem Zusammenhang von einer echten Revolution.

Für aufgeklärte Jugendliche unserer Zeit gehören Pille & Co zu den

Selbstverständlichkeiten, die kaum noch der Rede wert scheinen. Die meisten sogenannten Fortschritte sind ambivalent – sie haben Vor- aber auch Nachteile, sie bringen Menschen wirklich vorwärts, bleiben aber auch gekoppelt an gewisse Risiken.

Wenn wir (die Autoren) dazu einladen, Verhütung zu be-denken, sie unter unterschiedlichen Aspekten zu bewerten, dann geht es uns sicher nicht darum, sie abzulehnen oder gar zu verteufeln. Unser Anliegen ist die bewusste und offene Auseinandersetzung mit einem Mittel, das frau oder man (besonders aber frau) meistens fraglos konsumiert.

1. Sexuelle Freiheit

Das sexuelle Liebesspiel wurde über Jahrhunderte überschattet durch die Angst vor ungewollter Schwangerschaft. Sexualität außerhalb einer festen ehelichen Beziehung war ein Risiko. Wer sich vor der Ehe vor einer ungewollten Schwangerschaft schützen wollte, blieb am besten abstinent, verzichtete auf sexuelle Erfahrungen. Wirkungsvolle Verhütungsmittel schenken Menschen jeden Alters neue Freiräume für die Gestaltung ihrer Sexualität.

Solche Freiräume beanspruchen ebenfalls verheiratete Paare. Auch moralische Instanzen wie die katholische Kirche unterstreichen, dass die sexuelle Begegnung die Liebe eines Paares ausdrückt und vertieft. Sexualität bereichert die gegenseitige Partnerschaft, Zuwendung und Kommunikation. Verheiratete Paare müssen frei sein, ihre Sexualität ohne Angst zu gestalten.

2. Spaß und Erotik

Nur wer Sex ohne Furcht und Angst erleben kann, wird offen für das erotische Spiel, genießt das fantasiereiche und lustvolle Fest seiner fünf Sinne. Die Perspektive der unerwünschten Zeugung, der risikoreichen Schwangerschaft und der schmerzvollen Geburt vermag jede freudige Atmosphäre beim Liebesakt im Keim zu ersticken. Auf ihre Art tragen sichere Verhütungsmittel dazu bei, den verspielten und lustvollen Charakter der Sexualität zu erhalten.

3. Verantwortungsbewusste Elternschaft

Sexualität ist offen für das Leben und für die Weitergabe des menschlichen Lebens. Wie kaum andere Gemeinschaften wissen die Kirchen diese Chance zu würdigen. Über ihre Zeugungsfähigkeit beruft Gott Frau und Mann, aktiv an seinem staunenswerten Schöpfungswerk teilzuhaben.

Seit mehreren Jahrzehnten verteidigen die Kirchen dabei ein wesentliches Prinzip: die verantwortungsbewusste Elternschaft. Jedes Paar muss letztlich frei und verantwortungsvoll über die Zahl seiner Kinder und den Zeitpunkt ihrer Geburt entscheiden.

Das Prinzip der verantwortungsbewussten Elternschaft setzt voraus, dass Paare, die ihre Liebe in ihrer Sexualität frei gestalten möchten, auf sichere Verhütungsmittel zurückgreifen. Wir, die Autoren, bedauern sehr, dass die Päpste und viele katholische Bischöfe diesen gewiss logischen Schluss nicht zu teilen vermögen. Ihre ablehnende und verurteilende Haltung bedingt unsinnige Gewissensprobleme. Sie erklärt ebenfalls, weshalb ungezählte junge und ältere Paare kirchliche Standpunkte insgesamt nicht mehr zur Kenntnis nehmen.

4. Schwangerschaftsabbruch verhindern

Ab wann entsteht menschliches Leben? Ab welchem Zeitpunkt hat menschliches Leben das Recht, als solches mit allen Mitteln geschützt und verteidigt zu werden?

Experten streiten über diese Frage und finden keine eindeutige Antwort: Verschmelzung von Ei und Samenzelle, Moment der Einnistung, unterschiedliche Entwicklungsphasen während der ersten drei Schwangerschaftsmonate, ab dem vierten Schwangerschaftsmonat, Geburt ...?

Die katholische Kirche vertritt hierbei eine sehr eindeutige Position. Das menschliche Leben beginnt mit der Zeugung, der Verschmelzung der beiden Gameten (Ei und Spermium). Die befruchtete Eizelle ist keimendes menschliches Leben, die Entwicklung wurde definitiv in Gang gesetzt, der Prozess wird von außen gefördert oder verhindert, aber keineswegs in seinem Wesen verändert.

Jeden Eingriff von außen, der die Schwangerschaft bewusst abbricht, werten nicht nur die Kirche, sondern viele gläubige und nicht gläubige Menschen als Tötung. Auch wenn das Gesetz solche Eingriffe unter gewissen Bedingungen erlaubt, auch wenn es gute Gründe gibt, die Schwangerschaftsabbrüche erklären oder rechtfertigen, sie bleiben ein Akt des bewussten Tötens menschlichen Lebens.

In dieser Perspektive tragen effiziente Verhütungsmittel dazu bei, Abtreibungen und Schwangerschaftsabbrüche zu verhindern. Auch dies – so meinen wir Autoren – sollten Papst und Bischöfe bedenken.

5. Recht auf Leben

Wer Abtreibungen ablehnt, weil sie menschliches Leben zerstören, wird konsequenterweise auch alle Verhütungsmittel verwerfen, die nicht die Zeugung verhindern, sondern die Einnistung eines befruchteten Eis unterbinden. Aus dieser Sicht heraus ist besonders die »Pille danach« abzulehnen.

Wir, die Autoren, wissen um das bekannte Dilemma. Was ist letztlich moralisch schlimmer: die Notbremse »Pille danach« oder das Risiko der Schwangerschaft einer Vierzehnjährigen?

Wir finden es aber auch bedenklich, wenn Verhütungsmittel bei jungen (und älteren) Menschen nur noch unter dem Maßstab ihrer »Effizienz« beschrieben werden. Wir meinen, besonders auch Jugendliche sollten vollständig informiert sein und auch um die »Nebenwirkungen« der Methoden wissen, die sie benutzen. Auch viele junge Menschen teilen den Anspruch, keimendes menschliches Leben zu schützen und zu erhalten.

6. Natürliche und künstliche Mittel

Viele Experten warnen vor dem regelmäßigen Gebrauch künstlicher Verhütungsmittel. Das sind häufig Medikamente, die in den natürlichen Hormonhaushalt eingreifen und diesen längerfristig verändern. Vermehrt lehnen besonders auch Frauen dies ab. Sie befürchten, langfristig ihre körperliche und psychische Gesundheit zu belasten. Sie propagieren den Rückgriff auf die sogenannten natürlichen Methoden der Empfängnisregelung. Übrigens ist dies auch die Haltung des Papstes und vieler katholischer Bischöfe.

Wir, die Autoren, ermutigen Jugendliche nicht dazu, sich auf die natürlichen Methoden zu verlassen. Im Kapitel *Verhütung – gewusst wie!* legen wir unsere Argumente dar.

7. Banalisierung des Geschlechtsverkehrs

Häufiger als heute haben Paare früher den Geschlechtsverkehr als ultimatives Liebeszeichen angesehen und haben sich ihn als wertvollstes Geschenk aufbewahrt. Der Liebesakt gilt dann als echter und innigster Höhepunkt einer tiefen, dauerhaften und treuen Beziehung. Der Geschlechtsverkehr beinhaltet die Botschaft: »Ich erwähle dich unter allen anderen und will auf ewig mit dir zusammen sein.«

Verhütungsmittel haben neben anderen Faktoren dazu beigetragen, den Geschlechtsverkehr zu banalisieren. Die Botschaft wurde weitaus unverbindlicher: »Ich mag dich. Wir sind Freunde. Für eine Zeit gehören wir zusammen.« Für viele Sexualpartner wurde sie sogar noch unverfänglicher: »Ich finde dich cool. Du bist sexy. Es macht Spaß, mit dir zu schlafen.«

Verhütungsmittel tragen dazu bei, neue Freiräume zu schaffen. Manchmal darf man sich fragen, ob nicht auch das Gegenteil gilt. Weil Geschlechtsverkehr ohne die früheren Risiken der ungewollten Schwangerschaft möglich ist, werden Mädchen und Jungen es schwer haben, ihre eventuellen Absagen zu begründen. Es sei denn, frau oder man ist bereit, als Spießer oder Spaßverderberin zu gelten.

Der Zugang zu sicheren Verhütungsmitteln ist letztlich ein Fortschritt. Er bleibt aber gekoppelt an die Fähigkeit des Einzelnen, mit der Partnerin oder dem Partner zusammen Konsequenzen zu bedenken und gemeinsame Entscheidungen zu treffen, die ihre Partnerschaft wachsen lassen. Genau dies ist eine der wesentlichen Aufgaben jeder qualitativen Sexualerziehung.

Lesben, Schwule, Homosexualität

Homosexuelle Menschen fühlen sich sexuell zu Menschen des gleichen Geschlechts hingezogen. Sie haben entsprechende Wünsche, Empfindungen und Fantasien. Männer verlieben sich in andere Männer, Frauen in andere Frauen. Homosexuelle wünschen und suchen Geschlechtsverkehr mit gleichgeschlechtlichen Partnern. Homosexuelle Männer werden als Schwule, homosexuelle Frauen als Lesben bezeichnet.

Was Homosexualität nicht ist

Es ist uns wichtig, vorab zu klären, was Homosexualität prinzipiell alles nicht ist. Sie ist keine Geschlechtsabwandlung, keine Geisteskrankheit, keine Folge frühkindlicher Traumata und auch nicht das Ergebnis mütterlicher oder väterlicher Verhätschelung.

Homosexuelle Männer haben dieselben Chromosome, bilden dieselben männlichen Hormone, sind mit denselben primären und sekundären Geschlechtsmerkmalen ausgestattet wie alle anderen Männer auch. Gleiches gilt selbstverständlich für homosexuelle Frauen.

Homosexuelle sind nicht »transsexuell« – Schwule und Lesben identifizieren sich mit ihrem eigenen Geschlecht. Homosexuelle Frauen fühlen sich als Frauen und möchten auch Frauen bleiben, übernehmen in aller Regel weibliche Verhaltensmuster. Auch sind Lesben und Schwule nicht zu verwechseln mit »Transvestiten«; diese empfinden sexuelle Lust beim Tragen der Kleider des anderen Geschlechts.

Homosexuelle werden nach wie vor in unzulässiger Art mit Pädophilen verwechselt; Letztere sind Menschen, die sexuell auf Kinder vor dem Pubertätsalter ausgerichtet sind. Homosexuelle sind genauso wenig »Kinderschänder« wie Heterosexuelle.

In Veröffentlichungen jeder Art – besonders auch in Filmen – werden Schwule und Lesben häufig nach einem anderen Klischee dargestellt: Demnach benehmen sich zur allgemeinen Erheiterung Schwule in aufgesetzter Form weibisch (Effemination), Lesben in gekünstelter Art männlich. Die weitaus meisten Homosexuellen verhalten sich keineswegs als lächerliche Exoten, die man auf den ersten Blick identifizieren könnte. Im Alltag sind sie Menschen wie du und ich, benehmen sich wie du und ich, sehen aus wie du und ich.

Wenn wir schon dabei sind, Dinge zu klären, dann möchten wir der Vollständigkeit halber anfügen:

- Homosexualität ist nicht ansteckend.
- Es ist nicht möglich, heterosexuell orientierte Kinder, Jugendliche oder Erwachsene zur Homosexualität »umzupolen«. Übrigens auch Homosexuelle lassen sich nicht »heilen« oder »umkehren«.
- Von daher ist jede gewollte und ungewollte Ausgrenzung, jede gewollte und ungewollte Verunglimpfung homosexueller Menschen unverständlich und abscheulich.

Menschliche Homosexualität ist geschichtlich belegt für alle Zeitepochen und in allen Teilen der Welt. Übrigens praktizieren auch verschiedene Tierarten gleichgeschlechtlichen Sexualverkehr. In verschiedenen Kulturkreisen – Kanaan, Ägypten, Mesopotamien, Syrien, Persien, altes Griechenland – wurde der Geschlechtsverkehr zwischen älteren und jugendlichen Männern zur gesellschaftlichen Norm – Lehrer, Freunde oder sonstige Förderer brachten symbolisch ihre Seelenverwandtschaft mit ihren Günstlingen zum Ausdruck; das homosexuelle Verhalten war Bestandteil der Einführung des Jugendlichen in die Männergesellschaft.

Unterschiedliche Untersuchungen in Europa und in Nordamerika belegen, dass zwischen 4 und 10 % der Bevölkerung homosexuell orientiert sind.

Bisexualität und homoerotisches Verhalten

Bi- oder Ambisexualität meint eine doppelte sexuelle Ausrichtung, das Nebeneinander von homo- und heterosexueller Veranlagung bei einem Menschen. Unterschiedliche Untersuchungen gehen davon aus, dass etwa 40 % der Bevölkerung bisexuell orientiert sind. In einem gesellschaftlichen Umfeld, das zumindest latent Homosexualität abwertet, sind in aller Regel nur wenige Bisexuelle sich ihrer doppelten Ausrichtung überhaupt bewusst. Sie zeigt sich dann in Ausnahmesituationen, wenn z.B. Partner des anderen Geschlechts nicht zur Verfügung stehen: Armee, Pipeline-Konstruktion, Gefängnis, Internat, Kloster ...

Als homoerotische Spiele würden wir das Verhalten pubertierender Jungen bezeichnen, die sich gegenseitig am Glied berühren, einander ihre Erektionen vorführen, die gemeinsam oder sich gegenseitig masturbieren. Viele Jungen machen solche Erfahrungen; sie sind in aller Regel kein Anzeichen einer homosexuellen Veranlagung, sondern eher der verspielte und häufig ungeschickte Ausdruck sexueller Neugierde und genitalen Interesses.

Untersuchungen ergeben, dass etwa 90 % der Heterosexuellen besonders während der Pubertät homosexuelle oder homoerotische Erfahrungen machen. Das Ergebnis belegt auf seine Art, dass die »Verführungstheorie« nicht stimmen kann. Homosexuelle Erfahrungen können eine heterosexuelle Veranlagung nicht umkehren, lassen aber tatsächlich homosexuelle Menschen nach und nach ihre sexuelle Ausrichtung wahrnehmen und begreifen.

Ursachen der Homosexualität

Die Ursachen oder die Auslöser der homosexuellen Veranlagung sind bis heute nicht letztlich geklärt. Seit jeher wird die Frage gestellt, ob Homosexualität angeboren ist oder sich doch erst im Verlauf der Kindheit und Jugend entwickelt.

Vielleicht scheint die Antwort auf diese vermeintlich wissenschaftliche Frage irrelevant. Häufig allerdings würde eine Antwort die Reaktion des Umfeldes beeinflussen. In Deutschland, aber auch in vielen anderen Ländern, wurde die Homosexualität lange als widernatürliche Unzucht angesehen und war gesetzlich strafbar (in Deutschland bis 1969). Während des Zweiten Weltkrieges wurden Lesben und Schwule in Konzentrationslager eingeliefert und dort mit einem rosa Winkel auf ihrer Häftlingskleidung gekennzeichnet.

Über lange Zeit hinweg wurden Homosexuelle als kranke und heilbare Patienten angesehen. Mittels unterschiedlicher Therapien (Elektroschocks, Hormone, Psychoanalyse) versuchten verschiedene Experten, Lesben oder Schwule umzuwandeln – dies jedoch ohne Erfolg. Erst vor Kurzem – in den 90er-Jahren des 20. Jahrhunderts – wurde die Homosexualität von der Liste der psychischen Krankheiten gestrichen.

Neuere wissenschaftliche Arbeiten führen zwar noch immer nicht zu eindeutigen und klaren Ergebnissen. Trotzdem verfügen wir über einige abgesicherte Erkenntnisse:

- Vieles deutet darauf hin, dass die homosexuelle Orientierung aus dem Zusammenspiel unterschiedlicher Faktoren resultiert. Eine entsprechende hormonelle Prägung während der Schwangerschaft gilt als vielversprechende Forschungsrichtung. Ebenso mögen Erbfaktoren eine Rolle spielen.
- Homosexualität ist keineswegs das simple Ergebnis negativer Erfahrungen in der Ursprungsfamilie, traumatischer Kindheitserlebnisse, des Alkohol- und Drogenmissbrauchs, der Verführung durch Erwachsene oder unglücklicher heterosexueller Erlebnisse.

- Menschen treffen nicht die Wahl ihrer sexuellen Ausrichtung, sondern werden damit ab ihrer Jugend konfrontiert.
- Von außen her gelingt es nicht, die sexuelle Ausrichtung eines Menschen umzuwandeln. Es versagen dabei alle bislang angewandten Strategien: Verführung, Strafe, Medizin, Psychotherapie, Schuldzuweisung, wirtschaftliche Nachteile, berufliche Diskriminierung, soziale oder kirchliche Ausgrenzung ...

Coming out

»Coming out« meint den Prozess der Selbstwahrnehmung und der Akzeptanz der eigenen sexuellen Orientierung. Schwule und Lesben werden sich bewusst, dass sie sexuell zum eigenen Geschlecht hingezogen sind; sie begreifen, dass sie »andersrum« sind, d.h. nicht heterosexuell veranlagt; sie erkennen ihre sexuellen Bedürfnisse, Wünsche und Empfindungen als homosexuell; sie gehen gezielt sexuelle Bindungen mit gleichgeschlechtlichen Partnern ein; sie bejahen ihre sexuelle Identität.

Selbstverständlich hat jeder Mensch ein sexuelles Coming out. Heteros nehmen dies kaum bewusst wahr, weil ihr familiales und gesellschaftliches Umfeld ihre sexuelle Orientierung fraglos bestätigt und bejaht. Bei Lesben und Schwulen ist dieser Weg bewusster und häufig auch viel dorniger; es ist der Weg einer Minderheit, die mehr oder weniger Verständnis, mehr oder weniger Ablehnung und Ausgrenzung erfährt.

Wenn wir von einem Prozess oder einem Weg schreiben, dann weil das Coming out oft Jahre, wenn nicht sogar Jahrzehnte, beansprucht. Manche Homosexuelle sind in ihrem tiefsten Innern mit so heftigen Widerständen konfrontiert, dass sie die Wahrheit um das eigene Ich weder wahrhaben und begreifen noch akzeptieren und bejahen können. Einige heiraten und werden Eltern, bevor sie sich endlich eingestehen, dass sie die eigene Identität seit Jahrzehnten verraten.

Sich und seine Homosexualität akzeptieren, heißt auf traditionelle Ehe- und Familienvorstellungen zu verzichten.

> **Ich dachte** immer, ich würde einen Mann heiraten und viele Kinder bekommen. Jetzt muss ich mich damit auseinandersetzen, dass ich eine Frau liebe, sie nicht heiraten darf und niemals mit ihr eigene Kinder haben werde. *Alexandra, 20*

Wir haben uns alle von klein auf Vorstellungen von unserem künftigen Leben gebildet. Mädchen träumen vom starken Prinzen, Jungs von der schönen Prinzessin. Wenn ein Jugendlicher wahrnimmt, dass diese lieb gewonnenen Bilder der Kindheit, die tief innen verankert sind, nicht zu seiner sexuellen Veranlagung passen, muss er einiges an positiver »Trauerarbeit« leisten. Dabei darf er nur selten auf tolerante Unterstützung von außen zählen.

Ein ähnlicher Abschied vom Gewohnten ist auch nötig, wenn es darum geht, wie denn Schwule und Lesben überhaupt sexuell miteinander verkehren:

> **Ein richtiger Kerl** steckt seinen Schwanz in die Muschi seiner Freundin und beide haben daran ihren Spaß! So einfach scheint das bei Heteros. Aber was läuft ab bei uns? Einander masturbieren, Oralverkehr und gar Analverkehr? Ich fand das zuerst sehr eklig. Allein bei der Vorstellung empfand ich Scham und Schuld. Gottlob fand ich einen zärtlichen, erfahrenen und sehr verständnisvollen Freund. Er hatte viel Geduld mit mir, und so konnte ich meine Vorurteile nach und nach überwinden. Was beide Partner wollen und beiden guttut, das ist richtig und schön! *Thomas, 18*

Outing

Homosexuelle Menschen müssen sich nicht nur sich selbst, sondern auch ihrem Umfeld stellen, um dort als Lesbe oder Schwuler wahrgenommen, toleriert und angenommen zu werden.

Nicht nur die Kinder, sondern auch deren Eltern haben Vorstellungen vom Leben ihrer Kinder. Der homosexuelle Jugendliche ist sich häufig bewusst, dass seine sexuelle Veranlagung nicht der Vorstellung seiner Eltern entspricht. Er befürchtet, seine Eltern zu enttäuschen, und empfindet deswegen oftmals Schuldgefühle.

> **Ich habe Angst,** dass meine Eltern glauben, sie wären schuld an meiner Homosexualität und hätten etwas in der Erziehung falsch gemacht. Sie sind bestimmt enttäuscht, wenn sie erfahren, dass ich schwul bin ... Sie freuen sich schon jetzt auf ihre künftigen Enkelkinder. *Johannes, 19*

Das Outing empfinden viele Homosexuelle als schwierig und belastend; manche trauen sich erst nach langen Jahren, sich in ihrer Familie oder vor ihren Freunden zu ihrer sexuellen Orientierung zu bekennen.

> **Wie sag ich** meinem besten Freund, dass ich lesbisch bin? Wird er nicht glauben, ich habe ihn die ganze Zeit über belogen und hintergangen? *Martina, 17*

Die ersten Reaktionen auf sein Outing sind für den Jugendlichen natürlich ausschlaggebend. Verständnis und Toleranz fördern sein Selbstwertgefühl und ermutigen ihn, sich offen so zu geben, wie er ist. Ablehnung bewirkt das Gegenteil und hat häufig seelisch sehr belastende Auswirkungen bei den Betroffenen.

> **Ich habe** es zuerst meiner Schwester gesagt. Sie hat ganz lieb und verständnisvoll darauf reagiert und dies hat mich ermutigt, es auch meinen Eltern zu sagen. *Karo, 21*

> **Jeden Tag** am Mittagstisch hat mein Vater gegen die Schwulen gestänkert und sie als pervers beschimpft. Ich hab mich nie getraut, ihm zu sagen, dass ich schwul bin. Ich hatte lange große Schwierigkeiten, mich und meine Sexualität zu akzeptieren. *Leon, 23*

Das offene Ausleben der Homosexualität bleibt auch heute noch eine
»heikle« Angelegenheit.

> **Ich möchte** so gerne mit meiner Freundin Hand in Hand durch
> die Stadt flanieren und sie küssen können, wenn mir danach ist. Je-
> doch bin ich der Reaktionen der Passanten überdrüssig. Diese alte
> Frau schüttelt entsetzt den Kopf und jener junge Mann macht ob-
> szöne Bemerkungen ... *Ricarda, 19*

Gesellschaftliche Akzeptanz?

Die Gesellschaft ist heute offener, toleranter und respektvoller gegenüber
Lesben und Schwulen. Hiervon zeugen die Reaktionen 17-jähriger Schülerinnen, die sich im Rahmen ihres Religionsunterrichtes mit dem Thema
auseinandergesetzt haben. Wir, die Autoren, bedanken uns für das
freundliche Einverständnis, aus den Schularbeiten zitieren zu dürfen:

> **Es ist doch** völlig egal, in welches Geschlecht man verliebt ist, für
> mich kommt es nur auf die Liebe an. *Martine S.*

> **Homosexualität** ist nur eine andere Lebensweise, die man auch
> akzeptieren muss. *Christina*

> **Schließlich** verliebt man sich ja in den Charakter, die inneren
> Werte eines Menschen, und nicht in sein Geschlecht! *Christine*

> **Wenn die Menschen** sich die Mühe machen würden, einen Ho-
> mosexuellen näher kennenzulernen, würden sie merken, dass die-
> se Menschen ganz normal sind. *Véronique*

> **Homosexuelle** sollen die gleichen Rechte haben wie Heterose-
> xuelle; sie haben vor allem Anspruch auf Respekt. *Martine B.*

Was soll daran krank sein, wenn zwei Frauen oder Männer sich lieben? Es ist die gleiche Liebe wie bei heterosexuellen Paaren. *Jenny*

Jeder Mensch soll so akzeptiert werden, wie er ist. Die Menschen, die etwas gegen Homosexuelle haben, haben letztlich ein Problem mit sich selbst. *Lynn*

Warum sollten Homosexuelle nicht das Recht haben, durch die Heirat ihre Liebe zu vertiefen? *Fabienne*

Ich finde im Großen und Ganzen, dass die Leute gefühlvoller, offener und toleranter mit der Homosexualität umgehen sollten, denn am Ende geht es um Menschen. Diese sind alle gleich – egal ob hetero- oder homosexuell. *Tania*

Insgesamt bleiben viele Vorurteile erhalten, auch wenn sie noch so unsinnig sind: Lesben sind »verpatzte« Männer. – Schwule benehmen sich »tuntig« und möchten am liebsten Frauen sein. – Man sollte Homosexuelle nicht mit Kindern arbeiten lassen. – Eine Frau ist lesbisch, weil sie noch nie einem richtigen Kerl begegnet ist. – Schwule und Lesben treiben es bunt mit ungezählten Partnern und sind nicht fähig, eine treue Beziehung aufzubauen. – Die homosexuelle Orientierung prägt den Charakter und den Lebensstil. – Die sind irgendwie doch meschugge! – Sie tun mir leid. Gottlob bin ich nicht so! – Homosexuelle treiben sich in anrüchigen Lokalen herum und verhalten sich recht unmoralisch ...

Diese und andere Vorurteile kommen daher, dass viele Menschen keine homosexuellen Verwandten, Freunde oder Bekannten haben; sie verpassen die Chance, sich mit Lesben und Schwulen auseinanderzusetzen, sie kennen und schätzen zu lernen. Somit bleiben sie angewiesen auf wirklichkeitsfremde und skurrile Vorstellungen, die der eigentlichen Lebensweise der Betroffenen kaum Rechnung tragen. Lesben und Schwule leben und lieben wie alle anderen auch. In ihrer Partnerschaft erleben sie dieselben Freuden, Ängste, Fragen und Probleme wie heterosexuelle Paare.

Das Recht zu heiraten und Kinder zu adoptieren

Die gesellschaftliche und politische Debatte über die »Homo-Ehe« und das Adoptionsrecht für homosexuelle Paare wird zurzeit in vielen westlichen Ländern mehr oder weniger leidenschaftlich geführt.

Die Niederlande, Spanien und Belgien erlauben Lesben und Schwulen, zu heiraten. Andere Länder, auch Deutschland, haben Partnerschaftsgesetze angenommen, die eheähnliche Gemeinschaften von gleich- oder auch andersgeschlechtlichen Paaren anerkennen; die Partner gehen weniger Pflichten

ein als bei der Heirat, dürfen aber auch staatlicherseits weniger Rechte beanspruchen.

Wenn die meisten Menschen heute diese »Ehen zweiter Klasse« akzeptieren, so bleibt die Auseinandersetzung über das Adoptionsrecht viel bewegter.

Wenn homosexuelle Paare sich Kinder wünschen, haben sie – theoretisch zumindest – folgende Möglichkeiten:

- Gelegentlich hat eine/r der Partner/innen bereits Kinder aus einer früheren heterosexuellen Beziehung.
- Eine lesbische Frau kann natürlich ein Kind haben von einem Mann ihrer Wahl. Dieses Kind wächst dann innerhalb der lesbischen Familiengemeinschaft auf.
- In einigen wenigen Ländern haben auch ledige Frauen das Recht, sich einer künstlichen Befruchtung mittels eines fremden Samenspenders zu unterziehen.

- In den Niederlanden haben homosexuelle Paare das Recht, Kinder zu adoptieren. In anderen Ländern wird die Adoption durch alleinstehende Erwachsene (Hetero- oder auch Homosexuelle) formal nicht ausgeschlossen; doch ist dies real sehr schwierig. Wenn es vorkommt, handelt es sich meistens um Auslandsadoptionen.

Das Argument, dass ungezählte integre, liebenswerte und gesellschaftlich engagierte Schwule und Lesben sich innig Kinder wünschen, reicht gewiss nicht aus, um bestehende Gesetze zu verändern. Wir, die Autoren, plädieren stark dafür, homosexuellen Menschen endlich sozial gerecht zu werden. Doch geht es bei der Adoptionsfrage nicht nur um individuelle Rechte, ideologische Auseinandersetzungen oder den Kampf gegen Vorurteile. Im Mittelpunkt sollten eigentlich weniger die Rechte der Adoptiveltern stehen, als vielmehr die Interessen der betroffenen Kinder. Ist es für Kinder – Babys, Kleinkinder, Grundschulkinder, Pubertierende, Jugendliche – gut und wünschenswert, dass sie in homosexuellen Familiengemeinschaften aufwachsen?

Wir, die Autoren, gestehen ein, dass wir uns in dieser Frage nicht einig sind. Viele Menschen, vor allem auch Christen, sehen in der »traditionellen« Familie die unverzichtbare Säule einer Gesellschaft, die sich letztlich am Menschen und an seinem Wohlergehen ausrichtet. Psychologen und Pädagogen behaupten häufig, jedes Kind brauche Mutter und Vater, um glücklich aufzuwachsen. Die Gegner des Adoptionsrechtes für Homosexuelle befürchten, dass das Kind in der homosexuellen Gemeinschaft

185

nicht die beiden Geschlechtsbilder vorfindet, die es braucht, um die eigene Geschlechtsidentität erfolgreich zu entwickeln. Letztlich gilt die Frage, wie Kinder aus solchen Gemeinschaften auf dem Spielplatz oder in der Schule von ihren Gefährten angenommen werden. Man könnte befürchten, dass sie wegen ihrer Familiensituation gehänselt oder auch sozial gemieden werden.

Andererseits kann man Schwulen und Lesben die Fähigkeit, Kinder gut zu erziehen, ebenso wenig absprechen wie heterosexuellen Vätern und Müttern.

Seit der Scheidung meiner Eltern lebe ich mit meiner Mutter und ihrer Freundin. Beide sind Lesben – na und? Es sind die tollsten Frauen, die ich kenne. Ob beide mich richtig erziehen? Ich bewundere den Mut der beiden, ihre Zivilcourage, ihre Fähigkeit, Probleme menschlich korrekt zu lösen. Sie sind für mich ein Vorbild. Wenn ich sehe und höre, was zu Hause bei vielen meiner Freunde so abgeht, dann kann ich nur unterstreichen, dass wir 'ne dufte Familie sind. – Und damit keine Missverständnisse aufkommen: Ich bin hetero! *Markus, 16*

Die katholische Kirche und Homosexualität

Die offizielle Lehre der katholischen Kirche ist sehr eindeutig (vgl. Aussagen der Kongregation für die Glaubenslehre, 1998 und 2003):

- Dem Willen Gottes entsprechend ist die menschliche Sexualität ausgerichtet auf die Vereinigung von Mann und Frau. Sie ist Ausdruck ihrer gegenseitigen Liebe und Treue. Sie ist offen für die Weitergabe des Lebens (Kinder).
- Von daher kann einzig und allein in der Ehe der Gebrauch der »Geschlechtskraft« moralisch gut sein.

186

- Auch in der Bibel – im Neuen wie im Alten Testament – wird die Homosexualität abgelehnt.
- Die Kirche unterscheidet zwischen homosexueller Veranlagung und homosexueller Handlung. Die homosexuelle Neigung ist zwar nicht sündhaft, wird aber als »untergeordnet« angesehen. Die homosexuelle Handlung widerspricht dem von Gott gewollten Ziel der menschlichen Sexualität. Von daher muss sie kategorisch abgelehnt werden.
- Es ist verwerflich, homosexuelle Menschen ihrer Neigung wegen auszugrenzen.
- Homosexuelle Menschen sind dazu berufen, ein keusches Leben zu führen, d.h. auf sexuelle Handlungen zu verzichten. Wenn dies auch schwierig ist und ein hohes Opfer erfordert, so sind gläubige Christen bereit, Christus nachzueifern, der sein Leben für uns Menschen opferte.
- Im Übrigen sind die kirchlichen Gemeinschaften gefordert, homosexuelle Mitmenschen aufzunehmen und zu unterstützen. Wer dabei homosexuelle Handlungen »verharmlost« oder als »gleichwertig« darstellt, »untergräbt« die Lehre der Kirche.

Trotz dieser unmissverständlichen Worte des Lehramtes sind zahlreiche Bischöfe, Pfarrer und Gemeinden vor allem darum bemüht, homosexuelle Mitchristen aufzunehmen, sie zu akzeptieren und mit einzubeziehen – dies unabhängig davon, ob die Betroffenen ihre Sexualität ausleben oder nicht. Es entstehen kirchliche Arbeitsgruppen, in denen auch betroffene Laien und Priester mitarbeiten, um den Platz der Homosexuellen innerhalb der katholischen Kirche zu hinterfragen und neu zu definieren. Die Kirche vermittelt auf diese Weise ein offeneres Bild, das auf seine Weise zum glaubhaften Zeugnis des Gottes der Liebe und der Güte wird.

Und die evangelische Kirche?

Die Aussagen der evangelischen Kirche zum Thema Homosexualität sind weitaus differenzierter. Wir verweisen dabei auf ein Dokument des Rates der Evangelischen Kirchen in Deutschland: *Mit Spannungen leben. Orientierungshilfe des Rates der EKD*, Hannover 1996. Ein Auszug daraus findet sich im Kapitel *Aussagen der Kirchen zu Liebe, Ehe und Familie.*

Tipps

Toleranz und Respekt – was kann jeder von uns dazu beitragen?

Soziale Tabus durchbrechen und das offene Gespräch über Homosexualität anbahnen.

Angehen gegen offene und verdeckte Diskriminierungen, Zensuren und Sanktionen.

Sich mit eigenen und fremden Vorurteilen offen auseinandersetzen; sachliche Informationen einholen und vermitteln.

Den Austausch zwischen Heterosexuellen und Homosexuellen anregen.

Homosexuelle prinzipiell mit einbeziehen (anstatt sie diskret auszugrenzen).

Die mögliche Einsamkeit durchbrechen, Isolation verhindern.

Selbstbefriedigung und Sinneslust

Bei der Selbstbefriedigung berührt und streichelt jemand die eigenen Geschlechtsteile: Er oder sie erregt sich dabei sexuell und erlebt eventuell einen Höhepunkt (Orgasmus), beim Jungen oder beim Mann kommt es zum Samenerguss. Onanie und Masturbation meinen dasselbe; vulgär gilt der Ausdruck »wichsen«.

Insgesamt gilt die Masturbation als Tabuthema. Menschen sprechen kaum offen über diese Erfahrung. Wenn in einer Klasse dazu Fragen gestellt werden, dann reagieren andere Schüler häufig mit abwertenden Bemerkungen. Auf Schulhöfen kann man hören, wie besonders für Jungen aus der Onanie ein verunglimpfendes Schimpfwort wurde (»Blöder Wichser!«).

Dabei masturbieren viele Menschen jeden Alters. Die Selbstbefriedigung übermittelt wohlige und lustvolle Empfindungen; sie schenkt Erleichterung und Entspannung; sie wird zur Kompensation für fehlende oder frustvolle sexuelle Begegnungen mit Partnern. Für verschiedene Paare ist die eigene oder die gegenseitige Masturbation Bestandteil ihres Liebesspieles (ganz besonders auch bei homosexuellen Paaren).

Wer kleine Kinder beobachtet, merkt, dass sie spontan ihre Geschlechtsteile berühren oder streicheln: Sie tun das offensichtlich, weil es Spaß macht, aber auch wenn sie ausgeschimpft werden, unsicher sind oder Angst empfinden. Ihre spontane Reaktion scheint sie zu beruhigen, zu trösten und zu entlasten.

Sicher kommt der Onanie in den Jahren der Pubertät eine besondere Bedeutung zu. Wie wir in diesem Buch bereits mehrmals gezeigt haben, verursachen die körperlichen, seelischen und gesellschaftlichen Veränderungen in hohem Maß Druck, Unsicherheit, Zweifel, Scham und Angst. Die sexuellen Bedürfnisse gewinnen einen neuen Stellenwert. Dabei werden die meisten Jugendlichen innerlich hin- und hergerissen zwischen unterschiedlichen sexuellen Wünschen, Erwartungen oder Befürchtungen:

schnell Erfahrungen sammeln	*seine Zeit abwarten*
ein toller Hecht sein	*sich negative Abenteuer ersparen*
selbstbewusst vorgehen	*sich selbst als Blindgänger abwerten*
andere tollkühn anmachen	*sich schamhaft verkriechen ...*

Masturbation wird für viele zum willkommenen Ventil, das es möglich macht, sexuellen und seelischen Druck abzulassen. Unterschiedliche Untersuchungen belegen, dass über 90 % der Jungen und um 60 % der Mädchen sich selbst befriedigen.

In aller Regel begleiten erotische Bilder und Fantasien die Masturbation von Jugendlichen oder Erwachsenen. In ihnen werden die geheimsten Wünsche und Sehnsüchte »wahr«: TraumpartnerInnen werden zu willigen SpielgefährtInnen; frau oder man entledigt sich aller Hemmschwellen; Tabus werden problemlos und ohne Konsequenzen durchbrochen; alle Varianten des Sexualverkehrs sind erlaubt (sexuelle Gewalt inklusive).

In aller Regel sind solche Träumereien harmlos: Sie fügen niemandem Schaden zu, sie entschädigen für sexuellen und genitalen Frust. Die Träumenden vermögen gut zu unterscheiden zwischen den Fantasiebildern der Masturbation und den Ansprüchen der Wirklichkeit.

Besonders bei Menschen mit geringem Selbstwertgefühl können sexuelle Fantasien unter Umständen zur Flucht werden vor der Realität menschlicher und sexueller Begegnungen. Wenn Mädchen und Jungen, Frauen oder Männer zwanghaft und sehr häufig masturbieren, dann kann dies ein Anzeichen dafür sein, dass sie vor ihren Problemen davonlaufen, sich in »heile Welten« verkriechen, die sie isolieren und abhängig machen.

Die Selbstbefriedigung verursacht keine körperlichen oder seelischen Schäden. Wenn wir, die Autoren, dies überhaupt ansprechen, dann weil das über Jahrhunderte hinweg immer wieder behauptet wurde. Bis ins 20. Jahrhundert hinein warnten selbst prominente Ärzte vor den verhängnisvollen Folgen der Onanie: Auszehrung der Kräfte, vorzeitiges Altern, verstärkte Anfälligkeit für Entzündungen jeder Art, sexuelle Impotenz, psychische Krankheiten, Demenz ... Obschon es nie wissenschaftlich gesicherte Daten gab, die solche Thesen untermauerten, wurden ungezählte Generationen junger Menschen von ihren Eltern, Priestern und Lehrern damit heillos verängstigt und verunsichert. Eine solche Erziehung trug nur zur allgemein geltenden Abwertung der Sexualität bei; sie untergrub das ohnehin schwache Selbstwertgefühl der Jugendlichen und erzeugte schlimme Ekel-, Angst- und Schuldgefühle.

Vor etlichen Jahren gab es in der Sexualpädagogik auch einmal die genau umgekehrte Idee, Masturbation sei die unverzichtbare Voraussetzung für ein geglücktes Sexualleben Erwachsener. Solche Aussagen sind wissenschaftlich nicht belegt; sie tragen ebenfalls nur dazu bei, Menschen auf der Suche nach ihrem eigenen Lebens-, Liebes- und Glücksweg unnütz zu verunsichern. Trotzdem möchten wir die Aussage in einem Punkt aufgreifen und richtigstellen. Es tut gut, seinen eigenen Körper zu entdecken, ihn zu kennen und lieb zu haben. Dies hat nicht nur mit biologischem Wissen zu tun. Wir laden besonders auch Jugendliche zu einer erlebnisreichen Entdeckungsreise ein.

Tipp

Eine sinnliche Reise zum Ich

Lege dich hin, wo du nicht gestört wirst.

Entspanne dich. Sei locker. Höre ruhige Musik.

Lass deine Gedanken frei wandern. Sei verträumt.

Berühre und streichle deinen Körper: Kopfhaut, Stirn, Nase, Wangen, Lippen, Ohren, Nacken, Hals, Brust, Arme, Hände, Finger, Bauch, Geschlechtsteile, Schenkel, Füße, Zehen ...

Sei dabei sehr behutsam und zärtlich. Tu nur, was für dich in Ordnung ist.

Sei offen für alle Empfindungen.

Merke, was besonders schön ist und guttut, was du als prickelnd und wohlig warm wahrnimmst.

Wenn du dir dies wünschst, dann beziehe in deine Entdeckungsreise die Selbstbefriedigung mit ein.

Lass die Reise langsam ausklingen.

Wiederhole das Spiel und merke, was jeweils anders ist.

Das sinnliche Spiel mit sich selbst ermöglicht es, sich selbst neu zu erforschen, Hemmungen und Ängste abzubauen, falsche Scham zu überwinden, Geheimnisse zu entdecken, ungeahnte Schätze zu bergen. Vor allem auch lernt man, worauf der Körper reagiert, was ihm wo gefällt, was in ihm warme prickelnde Lust auslöst. Jeder von uns hat seine eigenen erogenen Zonen. Dies sind Körperstellen, die besonders empfindlich reagieren und Lust bringen. Bei vielen Männern ist die wichtigste erogene

Zone die Eichel, bei den Frauen sind dies die Klitoris und die Brustwarzen. Doch ist unsere gesamte Haut wie eine großflächige Antenne, die feinfühlig auf Impulse von außen reagiert. Als besonders sensibel gelten neben den bereits genannten Körperteilen Lippen, Ohrläppchen, Füße, Hals, Finger, Innenschenkel ... Es ist schön, diese Zonen bei sich selbst und beim Partner immer wieder neu zu entdecken.

Wer sich selbst gut kennt, wer behutsam mit sich selber umgeht, wird zum kompetenten und anspruchsvollen Liebhaber: zärtlich miteinander umgehen, das erotische (Vor-)Spiel pflegen und genießen, verwöhnen und sich verwöhnen lassen.

Die katholische Kirche bleibt bei einer ablehnenden Haltung gegenüber der Selbstbefriedigung. Diese leitet sich ab aus der Gesamtsicht der Kirche zum Thema Sexualität. Sie vertritt in diesem Punkt ein sehr hohes Ideal. Sexualität hat letztlich nur dort ihren Platz, wo sie eingebunden wird in eine definitive Liebesbeziehung zwischen Frau und Mann, die heiraten und sich Kinder wünschen. Viele gläubige Katholiken, die dieses Ideal gewiss prinzipiell teilen, können nicht nachvollziehen, dass ihr Gott der Güte und Barmherzigkeit sich durch den Akt der Masturbation »beleidigen« lasse.

AIDS und
Geschlechtskrankheiten

In diesem Kapitel geht es um sogenannte »sexuell übertragbare Krankheiten«: Krankheiten und Infektionen, mit denen man sich bei sexuellen Kontakten anstecken kann. Die bekannteste und leider auch gefährlichste von ihnen ist sicher AIDS.

Unter sexuellem Kontakt versteht man sowohl »normalen« Geschlechtsverkehr (Eindringen des Gliedes in die Scheide) als auch Analsex (Eindringen des Gliedes in den Anus, den Darmausgang) und Oralsex (Küssen und Lecken der Geschlechtsorgane der Partnerin oder des Partners). Selbst Petting oder Küssen kann zu verschiedenen Infektionen führen, wenn z.B. Ausfluss oder Samen mit einer offenen Wunde in Berührung kommen.

Aus biologischen Gründen sind Frauen anfälliger als Männer: Die meisten Infektionen übertragen sich einfacher vom Mann auf die Frau als umgekehrt. Gegen Geschlechtskrankheiten gibt es nur zwei Mittel: die Abstinenz (Enthaltsamkeit) und das Benutzen eines Kondoms.

Das Risiko einer Ansteckung ist natürlich besonders hoch, wenn frau oder man ihre oder seine Partner regelmäßig wechselt. Auch in einer festen Beziehung soll man erst dann auf Kondome verzichten, wenn beide Partner einen Test gemacht haben und die Gewissheit haben, dass sie gesund sind.

AIDS

AIDS steht für Acquired Immune Deficiency Syndrom. Dies heißt zu Deutsch »Erworbenes Immundefekt-Syndrom«. Die Krankheit wird nicht vererbt, sondern erworben – dies unter Umständen noch vor der Geburt im Mutterleib. Die Krankheitserreger – die HI-Viren – bewirken eine Immunschwäche. Das bedeutet, dass die natürlichen Abwehrsysteme im Körper ihre Kraft verlieren. Wenn AIDS ausbricht und der natürliche Schutzwall nach und nach versagt, wird der Körper anfällig für sehr unterschiedliche Infektionen. Dabei wird er zunehmend geschwächt, sodass letztlich selbst banale Infektionen, die ansonsten spielend überwunden werden, zum Tod führen können.

Im gesunden Zustand verfügt unser Körper über eine chemische Feuerwehr, die uns gegen fremde Substanzen oder Krankheitskeime schützt. Wenn Viren, Bakterien oder Giftstoffe über die Nahrung, die Luft, den Blutkontakt oder den Geschlechtsverkehr in den Körper eindringen, werden sie als Schädlinge identifiziert. Es werden maßgeschneiderte Antikörper gebildet. Diese vernichten die Eindringlinge. Sie bleiben auch später im Blut erhalten, um den Körper vor denselben Angreifern umso wirkungsvoller zu schützen.

Eine wesentliche Rolle übernimmt in unserem Abwehrsystem eine Untergruppe der weißen Blutkörperchen, die sogenannten Lymphozyten. Das HI-Virus schafft es, die Lymphozyten zu lähmen und auszuschalten, die im gesunden Zustand das Abwehrsystem aktivieren. Dieses Virus wurde erst 1983/1984 entdeckt und isoliert: von Prof. Luc Montagnier in Frankreich und Dr. Robert Gallo in den USA.

Das HIV (Human Immunodeficiency Virus) braucht die menschliche Umgebung. Die Übertragung des Virus durch Tiere wird ausgeschlossen. Das HIV findet man in allen Körperflüssigkeiten: Blut, Sperma, Scheidensekret, Urin, Kot, Lymphflüssigkeit, Speichel, Muttermilch, Tränen ... Die höchste Konzentration ergibt sich im Blut und im Sperma. Glücklicherweise ist das HIV sehr empfindlich. Außerhalb der menschlichen Körperflüssigkeiten oder der Hirnzellen – z.B. in der Luft – sterben die Viren rasch ab. Zudem ist das HIV temperaturempfindlich. Ab 50° C aufwärts wird es immer rascher zerstört. Ultraviolette Strahlen verträgt es nicht und es wird auch durch einige chemische Substanzen vernichtet.

HIV überträgt sich von einem Menschen auf den anderen durch den Austausch von Körperflüssigkeiten: Geschlechtsverkehr (vaginal, anal, oral), Bluttransfusionen (dank guter Kontrollen bei uns heute kaum noch denkbar), gemeinsamer Gebrauch intravenöser Spritzen.

Es ist richtig, auf Risikoverhalten hinzuweisen:

- Geschlechtsverkehr (ohne Kondom), besonders mit unbekannten oder häufig wechselnden Partnern,
- Erste-Hilfe-Leistungen ohne den Schutz von Handschuhen,
- Ärztliche oder pflegerische Eingriffe ohne den Schutz von Handschuhen,
- Verwendung von Spritzen, die bereits von anderen benutzt wurden.

Bis heute ist es den Wissenschaftlern nicht gelungen, einen wirksamen Impfstoff zu entwickeln, der präventiv vor AIDS schützen würde. Desgleichen haben sie keine Therapien entdeckt, die AIDS-Kranken eine definitive Heilung in Aussicht stellten. Die bislang zur Verfügung stehenden Medikamente vermögen das Ausbrechen der Krankheit jedoch hinauszuzögern.

In den letzten Jahren hat die Zahl der Neuinfizierungen wieder stark zugenommen. Ende 2005 lebten auf der ganzen Welt 38,6 Millionen Menschen, die mit dem AIDS-Virus infiziert waren. 25 Millionen sind in den letzten 20 Jahren schon an der Krankheit gestorben. Nur ein ganz kleiner Teil dieser Menschen hat Zugang zu Medikamenten, da diese oft viel zu teuer sind. 35 Millionen der Infizierten leben in Entwicklungsländern, wobei Afrika (hauptsächlich der Teil südlich der Sahara) der am härtesten getroffene Kontinent ist: mit etwa 25 Millionen HIV-Infizierten. Aber auch in Osteuropa und Zentralasien breitete sich das Virus in den letzten Jahren stark aus.

Ein Bluttest kann bestimmen, ob man sich angesteckt hat oder nicht. Der Test reagiert allerdings nur auf Antikörper, die sich erst mehrere Wochen – wenn nicht gar mehrere Monate – nach der Ansteckung gebildet haben.

197

Folgende Symptome können nach einer HIV-Infektion auftreten (jedoch sind die ersten Stadien oft symptomfrei):

- Grippeähnlicher Zustand einige Wochen nach der Infektion, noch ehe der Bluttest die Infektion feststellen kann.
- Das Virus entwickelt sich über 8 bis 10 Jahre, ohne dass Symptome auftauchen.
- Die Symptomentstehung beginnt häufig mit Lymphknotenschwellungen.
- Es folgt eine Phase mit Krankheitszeichen wie: anhaltender trockener Husten, Durchfall, Nachtschweiß, Fieber, Gewichtsverlust, Müdigkeit.
- Der AIDS-Kranke stirbt meistens an einer Lungenentzündung oder an seltenen Krebserkrankungen, gegen die das Immunsystem seines Körpers versagt.

Syphilis, Lues

Die Syphilis ist eine ziemlich schwere Krankheit. Sie wird ausgelöst durch eine Bakterie, die den ganzen Körper angreifen und schwere Organschäden hervorrufen kann. Wegen ihrer erst spät auftauchenden Folgen bleibt die Infektion oft unbemerkt und ist deshalb besonders gefährlich, und das auch für ein eventuell ungeborenes Kind. Wenn die Infektion schnell festgestellt wird, kann sie jedoch einfach mit Antibiotika (z.B. Penicillin) behandelt werden.

Syphilis kann sich wie AIDS über Blut, ungeschützten Geschlechtsverkehr oder von der Mutter auf ihr ungeborenes Kind übertragen, dies jedoch nur während der ersten Jahre nach der Ansteckung. Danach ist die Krankheit nur noch für den Kranken selbst gefährlich.

Tripper, Gonorrhöe

Die Gonorrhöe ist eine Bakterienerkrankung, die eine Entzündung der Schleimhäute der Geschlechtsorgane hervorruft. Sie kann ohne Krankheitssymptome verlaufen. Häufig aber lassen sich nach einigen Tagen folgende Anzeichen feststellen:

- grünlich-gelber Ausfluss aus Scheide oder Penis,
- Brennen beim Wasserlassen,
- Bauchschmerzen, Fieber und Frösteln,
- Schmerzen und eventuell Anschwellung der Hoden.

Oft bemerken die Infizierten gar nicht, dass sie krank sind, bis sie schwere chronische Beschwerden haben. Ohne Behandlung kann die Erkrankung zu einer endgültigen Unfruchtbarkeit der Frau führen. Dabei kann die Krankheit einfach durch Antibiotika geheilt werden, wenn sie früh genug festgestellt wird.

Hepatitis B

Die Hepatitis B ist eine Leberentzündung, die durch ein Virus ausgelöst wird. Sie überträgt sich durch ungeschützten Geschlechtsverkehr, von der Mutter auf ihr ungeborenes Kind oder über Blut, z.B. bei Spritzentausch. Oft treten keine Symptome auf, jedoch sind Müdigkeit oder ein grippeähnlicher Zustand Zeichen einer eventuellen Hepatitis-Erkrankung. Die Hepatitis greift die Leber an und kann daher auch eine Gelbsucht hervorrufen, die sich durch eine Gelbfärbung der Haut oder der Bindehaut der Augen zeigen kann.

Eine nichtbehandelte Infektion kann zu einer Leberzirrhose oder sogar zu Leberkrebs führen. Frau oder man kann sich durch eine Impfung vor Hepatitis schützen – und natürlich auch durch das Benutzen von Präservativen.

Genitaler Herpes

Wie bei den vorherigen Viruserkrankungen treten auch beim Herpes nicht immer Symptome auf. Wenn sich die Infektion jedoch zeigt, dann in Form von Hautreizungen, meistens im Bereich der Geschlechtsorgane. Diese Reizungen können jucken und sich in Bläschen verwandeln, die im Laufe der Tage platzen und eventuell große Schmerzen hervorrufen.

Auch nach der Heilung der Infektion bleibt der Virus im Körper und kann u.a. durch Stress, Müdigkeit oder Fieber wieder aktiviert werden. Der Virus überträgt sich jedoch nur in den Momenten, in denen er aktiv ist.

Das Kondom hilft nur, wenn die Infektion sich im Inneren der Scheide oder auf dem Penis befindet, anderenfalls schützt nur die sexuelle Abstinenz vor dem Risiko einer Ansteckung.

Chlamydien-Infektion

Chlamydien sind Bakterien, die u.a. durch Geschlechtsverkehr übertragen werden. Eventuelle Symptome sind beim Mann eine Entzündung der Harnröhre (Schmerzen beim Urinieren, schleimiger Ausfluss). Bei der Frau kann sich neben der Harnröhre (gleiche Symptome wie beim Mann) auch der Gebärmutterhals entzünden. Diese Entzündung kann, bei schlechter Behandlung, bis in die Eileiter aufsteigen und Unfruchtbarkeit verursachen.

Bei schwangeren Frauen kann eine Chlamydien-Infektion zu einer Frühgeburt führen oder zur Ansteckung des Kindes während der Geburt.

Auch diese Krankheit kann, wenn sie schnell behandelt wird, durch Antibiotika geheilt werden.

Morgens und abends zu lesen

Der, den ich liebe
Hat mir gesagt
Daß er mich braucht

Darum
Gebe ich auf mich acht
Gehe auf meinen Weg und
Fürchte von jedem Regentropfen
Daß er mich ihm erschlagen könnte.

Bertolt Brecht

Unerwünschte
Schwangerschaft

Guten Tag! Ich wollte mit Ihnen reden. Passt es Ihnen jetzt?

> *Ich nehme mir Zeit. Setz dich bitte. Also, worum geht es?*

Es fällt mir nicht leicht ... Um es kurz zu machen: Ich bin schwanger!

> *Das ist nun aber wirklich eine große Neuigkeit. Wie geht es dir damit?*

Wahnsinn! (*weint*) Ich weiß nicht mehr weiter ...

> *Du hast dir dieses Kind nicht gewünscht.*

Sicher nicht!

> *Du bist verzweifelt und du weißt nicht, was du jetzt tun sollst.*

Ich fühle mich schrecklich allein.

> *Du tust gut daran, zu mir zu kommen. Ich werde mich bemühen, dir zur Seite zu stehen. Hast du schon mit dem Vater des Kindes oder mit deinen Eltern reden können?*

Der Vater meines Kindes? Der geht ja selber noch zur Schule. Ein netter Kumpel, ich mag ihn. Aber als Vater eines Kindes sehe ich ihn nicht. (*weint wieder*)

Du hast also noch nicht mit ihm gesprochen. Und du bist dir nicht sicher, ob ein solches Gespräch Sinn macht.

Sie meinen also, ich sollte mit ihm reden?

Die Entscheidung liegt bei dir. Persönlich denke ich, du solltest unbedingt mit ihm reden. Er hat ein Recht zu wissen, was los ist. Er ist auch mit verantwortlich für das, was geschehen ist und was noch zu geschehen hat. Du hast ihn lieb, sonst hättest du nicht mit ihm geschlafen. Ich denke, du solltest ihm auch jetzt vertrauen.

Und wenn er mich hängen lässt? (*weint*)

Du hast Angst, ganz alleine dazustehen mit deinem Problem. Eine Abfuhr deines Freundes würde dich nochmals verletzen. Du zögerst, ob du dieses Risiko eingehen willst.

Vielleicht haben Sie ja doch recht. Aber ich hab wirklich Angst ... Wären Sie bereit, dabei zu sein?

Ja, wenn du es dir wünschst und dein Freund einverstanden ist. – Aber was ist mit deinen Eltern?

(*schüttelt verneinend den Kopf und weint*)

Was macht dir Angst?

Ich weiß es nicht ... Sie sind so stolz auf mich ... Sie sind so überzeugt, dass wir 'ne tolle Familie sind und sie mit uns Kindern alles richtig gemacht haben, alles fest im Griff haben ... Ich werde bloß alles kaputt machen ... (*weint*) Ich schäme mich so ...

Du fühlst dich schuldig. Für das Kind und für alles, was jetzt unter Umständen anders wird.

Schuldig? Saublöd bin ich! (*weint*) Wie kann mir so was passieren? Intelligent, aufgeklärt und emanzipiert – und dann reingesaust wie 'ne verantwortungslose dumme Göre. Können Sie das begreifen? Ich nicht!

> *Du bist dir bewusst, dass du eine ungewollte Schwangerschaft hättest verhindern können. Und du machst dir nun deswegen Vorwürfe.*

Allerdings! Aber das hilft mir nun auch nicht weiter. Mit den Eltern reden und mit dem Freund – das sind dann wohl die nächsten Schritte!?

> *Du siehst das so ganz richtig. Ich denke, du solltest das möglichst schnell erledigen. Vergiss nicht, dass sie alle nach dem ersten Schock bestimmt zu dir stehen und dich unterstützen.*

Wie würden denn Sie als Vater reagieren? Genauso verständnisvoll wie jetzt?

> *Ehrlich gesagt, ich weiß es nicht. Ich meine aber, ich würde zuerst ganz emotional reagieren: Wut, Enttäuschung, Ratlosigkeit, Angst, Unsicherheit ... Ich fürchte auch, ich könnte diese Gefühle nicht verbergen ... Ich traue mir aber zu, danach wieder »cool« zu werden und meinem Kind zu sagen, dass ich es trotzdem noch immer sehr lieb habe und ihm helfen will ... Denkst du, deine Eltern schaffen das auch?*

Ich meine schon ... Ich hab trotzdem Angst. (*lächelt*)

> *Mut brauchst du schon. Du hast das ja nun schon ein erstes Mal mit mir geprobt und du kommst gut dabei zurecht.*

(*lächelt*) Mit Ihnen wirkt alles schon weniger dramatisch.

> *Das ist ja auch der Sinn eines guten Gespräches. Es hilft uns, emotional Distanz zu gewinnen und die Dinge seelisch in den Griff zu bekommen.*

Haben Sie noch etwas Zeit?

> *Du möchtest noch andere Dinge ansprechen?*

Ja, ich konnte die letzte Nacht überhaupt nicht schlafen. Was soll werden?

Du denkst an das werdende Leben in deinem Bauch.

Allerdings! Bislang dachte ich immer, das sei heute ganz einfach. Wenn man nicht in der Lage ist, ein Kind großzuziehen, dann ist es richtiger, es möglichst schnell wegzumachen ... Alles andere ist verantwortungslos!

Und nun bist du deiner Sache nicht mehr so sicher.

Eigentlich begreife ich mich selber nicht. Dieses winzige Etwas, das noch nicht mal denken und fühlen kann! Und trotzdem fühle ich mich nun verantwortlich, es zu schützen. Es trägt die Chance des Lebens in sich. Hab ich das Recht, das auszuradieren? Nur weil es mir nicht in den Kram passt?

Es ist auch nicht einfach, das Kind zu bekommen.

Mit tausend Fragen hab ich mich schon rumgequält: Soll ich die Schule hinschmeißen? Falls ja, wann würde ich es bereuen und es dann an meinem Baby auslassen? Wenn ich weiter die Schule besuche, wer kümmert sich um das Kind? Meine Mutter etwa? Wäre es dann noch mein Kind? Oder wäre es wie eine jüngere Schwester? Falls mein Freund einverstanden wäre, würde es Sinn machen zu heiraten oder zumindest als Familie zusammenzuziehen? Sind wir nicht beide viel zu jung für einen solchen Schritt? Wo würden wir das notwendige Geld herholen? Welche Zukunftschancen hätte unsere Beziehung? Würden wir uns nicht auf ewig gegenseitig Vorwürfe machen?

Ich finde es toll, wie gut du es schaffst, die richtigen Fragen zu stellen. Es ist gut, deine Nächsten bei diesen Fragen mit einzubinden. Ich hab vorhin nicht fragen wollen, tue es aber jetzt. Bist du dir ganz sicher, dass du schwanger bist? Warst du bereits bei deinem Frauenarzt? Und wenn ja, wie weit ist deine Schwangerschaft fortgeschritten?

Der Arzt hat bei einer Routinevisite meine Schwangerschaft festgestellt. Ich bin im zweiten Monat schwanger. Der Arzt war sehr nett und hat sich viel Zeit genommen. Er hat mir auch erklärt, dass das Gesetz einen Schwangerschaftsabbruch innerhalb der ersten zwölf Schwangerschaftswochen zulässt. Er meint, in meinem Falle sei dies aus seelischen und sozialen Gründen heraus zu rechtfertigen. Ich weiß, wann ich mich spätestens entscheiden muss und wo ich den Eingriff ausführen lassen kann.

> *Wenn du möchtest, kann ich dir die übrigen Informationen besorgen, die du eventuell brauchst: Geburtszulagen, Kindergeld, Wohnungshilfe, Foyers für werdende Mütter, Kindertagesstätten ... Nur damit deine Unterlagen komplett sind. Du weißt sicher auch, dass du dein Kind nach der Geburt zur Adoption freigeben kannst.*

Das hat der Arzt mir auch gesagt, ja, mir sogar dazu geraten. Aber genau das kann ich mir am wenigsten vorstellen. Wenn ich das Kind schon über neun Monate austrage und in die Welt setze, dann ist das mein Baby, und ich werde es nicht einer fremden Frau anvertrauen.

> *Ich kann deinen Standpunkt gut verstehen. Du bist dir bewusst, dass du als junge Frau eine Schwangerschaft sehr engagiert und sehr intensiv erleben und gestalten würdest. Auch ein Schwangerschaftsabbruch würde dich emotional im hohen Maß berühren. Es ist daher wichtig, dass du mit der Entscheidung – egal wie sie ausfällt – möglichst gut zurechtkommst.*

Sie geben Religionsunterricht. Was sagen denn Sie? Was raten Sie mir?

> *Ich gebe dir zwei Antworten. Die erste kennst du. Sie betrifft den Standpunkt der katholischen Kirche. Für die Kirche beginnt das menschliche Leben bei der Verschmelzung von Ei und Samenzelle. Jeder Schwangerschaftsabbruch – selbst wenn unsere Gesetze ihn zulassen – ist für die Kirche Tötung menschlichen Lebens. Als solche ist die Abtreibung abzulehnen. Meine zweite Antwort:*

Beziehe diesen Standpunkt der Kirche mit ein. Überlege dabei genau, was es konkret in deiner Situation bedeutet, Leben zu schenken, Leben zu erhalten, Leben zu schützen. Die letzte Entscheidung liegt bei dir, deinem Freund und euren Nächsten. Vor allem aber liegt sie bei dir.

Das ist eine schwere Last!

Um die ich dich nicht beneide, die ich dir aber nach unserem Gespräch jetzt zutraue. Du schaffst es, viele gute Ressourcen zu mobilisieren. Das ist eine große Kraft. Gottlob bleibt dir noch etwas Zeit. Das verschafft dir einen Spielraum. Nutze ihn!

Und wenn ich es allein nicht schaffe?

Eine kluge Anmerkung. Zögere nicht, dir einen oder mehrere Wegbegleiter oder Wegbegleiterinnen zu suchen. Gute Freunde, eine Lehrerin oder einen Lehrer ...; du bist auch bei mir jederzeit herzlich willkommen. Zudem gibt es unterschiedliche Beratungsstellen, die sich auf dieses Thema spezialisiert haben. Darunter sind übrigens auch kirchliche Stellen. Ich werde dir die entsprechenden Anschriften und Telefonnummern besorgen. Ich weiß, ihr Schüler stempelt Psychologen gerne als Seelenklempner für Bekloppte ab. Du wirst sehen, dass es lohnend ist, solche Vorurteile wegzustecken und sich kompetente Hilfe zu holen. Um es nochmals klarzustellen: Auch der Psychologe wird nicht an deiner Stelle entscheiden, aber er kann dich auf deinem Entscheidungsweg sicher begleiten.

Ich möchte mich für unser Gespräch bedanken. Ich warne Sie: Ich komme wieder.

Du bist ein willkommener Gast. Alles Gute!

Sexuelle Gewalt
an Kindern

Y. ist siebzehn. Sie lebt mit ihrer Mutter und ihrem Stiefvater zusammen. Es ist schwierig, aus ihr klug zu werden. Sie ist sehr intelligent, hat aber jedes Jahr Probleme, die jeweilige Klasse zu schaffen. Eingeweihte wollen wissen, dass sie magersüchtig sei, sich gelegentlich maßlos betrinke und auch schon harte Drogen konsumiert habe. Y. ist sehr hübsch – sexy, sagen die Jungen –, gibt sich aber unnahbar. Im Übrigen tuschelt man, sie würde es wahllos mit jedem Mann über fünfundzwanzig treiben.

Y. ist eine sehr unglückliche junge Frau. Lange Jahre über wurde sie als kleines Mädchen zu Hause von ihrem Stiefvater sexuell missbraucht. Um das ertragen zu können, hat sie schon damals diese dramatische Erfahrung aus ihrem Bewusstsein verdrängt. Seither schleppt sie eine ihr nicht fassbare Last durch ihr junges Leben. Eine seelische Hypothek, die sie zumindest in ihrer Kindheit und Jugend ungezählter warmer und froher Erfahrungen beraubte.

Experten schätzen, dass etwa 10 % aller Kinder zumindest einmal Opfer sexueller Gewalt werden. Einige befürchten gar, jedes vierte Mädchen sei betroffen. Dabei geht man von einer hohen Dunkelziffer aus, da die meisten Fälle nicht aktenkundig werden. Nach heutigen Erkenntnissen sind die weitaus meisten Täter männlich (80 %), die weitaus meisten Opfer weiblich (80 %). Der Täter ist nur in den seltensten Fällen ein Fremder, sondern in aller Regel ein geliebtes Familienmitglied, dem das Kind vertraut: Vater, Stiefvater, Lebensgefährte der Mutter, großer Bruder, Onkel, Großvater, Familienfreund ... In diesem Kapitel reden wir hauptsächlich über Erwachsene oder ältere Jugendliche, die sich sexuell an Kindern vergreifen. Der Begriff »Kinder« bezeichnet in diesem Zusammenhang Mädchen und Jungen vor der Pubertät.

Solche Täter sexueller Gewalt missbrauchen Kinder oft ab dem Säuglingsalter, um sich zu erregen. Sie beziehen Mädchen oder Jungen in ihre Liebesspiele mit ein. Sie zeigen Kindern ihre Geschlechtsteile im Zustand sexueller Erregung. Sie fordern Kinder auf, sie sexuell zu erregen: streicheln oder lecken ihrer Geschlechtsteile. Sie stimulieren die Geschlechtsteile der Kinder. Männer dringen mit ihrem Penis in Kinder ein, um dort zu ejakulieren: in Mund, Anus oder Scheide.

Die betroffenen Kinder sind dabei völlig überfordert. Sie können nicht nachvollziehen, was ihnen geschieht. Die Erfahrung entspricht in keiner Weise ihren Bedürfnissen, ihren Träumen, ihrem Fassungsvermögen. Sie schmerzt rein körperlich, aber auch seelisch. Auch wenn Mädchen oder Jungen den Übergriff intellektuell noch nicht verstehen, ihn sprachlich noch nicht fassen können, in ihrem Innersten begreifen sie, dass sie auf schlimme Art verletzt werden. Besonders verheerend ist für das Kind die Tatsache, dass der Täter ein Nächster ist, ein geliebter Mensch, dem es blindlings vertraut, von dem es nichts Böses erwartet.

In äußerst destruktiver Art geht der Täter noch einen Schritt weiter: Er macht sein Opfer mundtot. Das Geschehen muss ein Geheimnis zwischen Opfer und Täter bleiben. Weil der geliebte Täter sonst ins Gefängnis muss. Weil die Mutter sonst sehr traurig ist. Weil das Kind sonst die Familie kaputt macht. Weil das Kind sonst in ein Heim kommt. Weil das Kind selber schuld ist an dem, was ihm widerfährt.

Welche Chancen haben diese Kinder? Sie lassen geschehen und versuchen zu verdrängen. Manchmal werden sie sogar ganz willfährig, weil sie so einer jüngeren Schwester dasselbe Schicksal ersparen möchten. Traumatisch für das Kind ist die ausbleibende Reaktion des Umfeldes: Wie schaffen es Mutter, Großmutter, Tante, ältere Geschwister zu »übersehen«, was geschieht?

Bei emotional belastenden Erfahrungen tendieren kleine Kinder dazu, alle Schuld auf sich zu laden, auch etwa bei der Scheidung der Eltern oder beim Tod eines nahen Verwandten. Es ist umso notwendiger, klärende Worte zu finden, die begreifen lassen, die entlasten, die trösten und stützen. In einem Klima der emotionalen Bedrohung und Sprachlosigkeit wird das Kind in seinen eigenen Augen vom Opfer zum Schuldigen.

Wen wundert es, wenn die Kinderseele schwerste Schäden davonträgt. Für die meisten Opfer sind die Folgen dramatisch:

- Kopfweh und Migräne
- undefinierbare Unterleibsschmerzen
- Schlafstörungen
- Essstörungen (Magersucht, Fresssucht)
- Angstzustände
- fehlendes Selbstvertrauen
- Abwertung des eigenen Ichs
- Gefühlskälte
- Abkapselung
- launisches Verhalten
- Aggressivität, Hang zur Gewalt
- Lernschwierigkeiten, berufliche Probleme
- Identitätsprobleme, Rollenkonfusion
- Alkohol- und Drogenmissbrauch

- Neigung zur Selbstverletzung
- Suizidgefährdung
- Verlust der sexuellen Erregbarkeit
- sexuelle Promiskuität (zahllose Sexpartner ohne affektive Bindung)
- delinquentes Verhalten ...

Diese Liste ist keineswegs vollständig. Jedes Opfer reagiert individuell und entwickelt eigene Symptome. Die hier beschriebenen Verhaltensweisen mögen auf einen sexuellen Missbrauch hinweisen, sie haben aber unter Umständen ganz andere Ursachen.

Wir haben hervorgehoben, dass die weitaus meisten Opfer Mädchen sind. Doch auch Jungen werden Opfer sexuellen Missbrauchs. Wahrscheinlich ist die Dunkelziffer höher, weil sexuelle Gewalt an Männern noch stärker tabuisiert wird. Vieles deutet darauf hin, dass männliche Täter sexueller Gewalt häufig als Kinder selbst sexuell missbraucht wurden – ein dramatischer Teufelskreis, der sprachlose Opfer zu Verbrechern werden lässt.

Es ist ein erschreckendes Phänomen unserer Zeit, dass in allen Ländern der Welt Kinder systematisch und aus kommerziellen Gründen sexuell ausgebeutet werden. Die Palette reicht von der Kinderpornografie über die Penetration Vierjähriger vor laufender Kamera oder den »Babystrich« bis hin zum gefilmten ritualisierten Sexualmord Minderjähriger.

Warum tun Menschen so grauenvolle Dinge? Experten unterscheiden bei den Tätern zwei unterschiedliche Kategorien.

Zum einen weisen sie hin auf die Gelegenheitstäter, die nur dann aktiv werden, wenn sie sich geschützt wissen: weit weg von zu Hause, in einem anonymen Umfeld, mit Kindern, die nie in der Lage sein werden, sie zu identifizieren. In enger Zusammenarbeit mit der Tourismusbranche und den großen Fluggesellschaften haben alle europäischen Staaten Sensibilisierungskampagnen entwickelt, um Reisende und vor allem potenzielle Täter auf ihre Verantwortung hinzuweisen. Desgleichen wurde in den meisten Ländern das Strafgesetz so abgeändert, dass pädophile Straftaten, die im Ausland begangen werden, auch zu Hause geahndet werden.

Es bleiben die Täter, die pädophil veranlagt sind (deren sexuelles Interesse sich ausschließlich auf Kinder vor der Pubertät richtet) und die es nicht schaffen, sexuell passiv zu bleiben. Therapeuten vergleichen sie mit schweren Alkoholikern, die es bestenfalls erreichen, »trocken« zu bleiben, auf Alkohol zu verzichten, die aber Zeit ihres Lebens abhängig bleiben.

Was ursächlich dazu führt, dass ein Mann oder eine Frau sexuelle Gewalt an Kindern ausübt, ist noch nicht ausreichend erforscht. Doch lässt sich ein bestimmtes Profil abzeichnen:

- Minderwertigkeitsgefühle
- hohe Impulsivität, Gewaltbereitschaft
- gestörtes Selbstwertgefühl
- Beziehungsprobleme, mangelnde Kommunikationsfähigkeit
- Erfahrung affektiven Scheiterns, fehlende Zuwendung
- Persönlichkeitsspaltung
- Abwertung der Sexualität
- Angst vor Impotenz, Potenzprobleme
- fehlende Einsicht, was die Schwere der Übergriffe angeht
- Erfahrung missbräuchlicher Umgangsformen in der eigenen Ursprungsfamilie
- traumatisch erlebte Übergriffe physischer, psychischer und sexueller Natur

Aus dieser Beschreibung geht eindeutig hervor, dass Täter dringend therapeutischer Behandlung bedürften. Haftstrafen ziehen den Täter zeitweise aus dem Verkehr, lösen aber nur selten das eigentliche Problem.

Die Opfer sexueller Gewalt leben mitten unter uns. Betroffene – Kinder, Jugendliche oder auch Erwachsene – brauchen dringend fachliche Hilfe. Der Schulpsychologe, die Haus- oder Frauenärztin und das Jugendamt verweisen an entsprechende Therapiestellen. Wer akut Gewalt erlebt, sollte sich sofort an die Polizei oder an das zuständige Jugendamt wenden.

Manchmal sprechen Jugendliche uns (die Autoren) an und wollen wissen, wie sie betroffenen Freund/innen helfen können. Freunde vermögen Opfern wertvolle Dienste zu leisten. Hierzu einige Empfehlungen.

Tipps

Opfern sexueller Gewalt freundschaftlich helfen!

Versuche nicht, den Therapeuten, den Polizisten oder den Richter zu ersetzen. Dir fehlen dazu die erforderliche Kompetenz und die nötigen Ressourcen.

Ermutige die Freundin oder den Freund, die nötigen Maßnahmen zu ergreifen (Therapieplatz suchen, Anzeige erstatten).

Bleibe Freundin oder Freund. Wende dich nicht ab wie viele andere.

Sei eine gute Zuhörerin, ein guter Zuhörer. Wechsle nicht das Thema, wenn das Gespräch brenzlig wird. Halte die Probleme mit aus.

Zeige viel Verständnis für mögliche emotionale Ausrutscher. Lass sie aber nicht sprachlos im Raum stehen.

Beziehe die Freundin oder den Freund in deine sportlichen, sozialen oder kreativen Aktivitäten mit ein. Alles, was Freude bereitet und im weitesten Sinne Leben schafft, wirkt sehr heilsam.

Von Träumen,
Werten, Perspektiven

Manchmal höre ich in meinem Umfeld eine vorerst verlockende Botschaft: »Tu, was du möchtest! Sei nicht so schwerfällig! Handle nach Lust und Laune! Nimm, wonach dir ist! Konsumiere sofort – wer weiß, was morgen ist! Sei kein Spießer!«

Um mich herum sehe ich Menschen jeden Alters, die es anscheinend schaffen, diese Maxime umzusetzen. Sie handeln impulsiv, ihren augenblicklichen Wünschen entsprechend. Sie stellen sich ausschließlich den angenehmen Seiten des Lebens. Sie greifen zu und fragen nicht nach dem Woher. Sie scheren sich wenig um etwaige Konsequenzen. Sie lehnen Verantwortung prinzipiell ab.

Da sitze ich nun mit meiner »Moral«. Ist sie ein verstaubtes Überbleibsel, das in der heutigen Zeit ausgedient hat? Ist sie ein Instrument der Unterdrückung für geistig Minderbemittelte? Wurde sie erfunden, um den Spaß zu verderben und die Freude zu ersticken?

Ich gestehe, da fehlt mir noch der Durchblick. Das muss ich mir genauer überlegen. Also frage ich mich: Was willst du eigentlich? Worum geht es dir? Was möchtest du erreichen? Was ist dir dein Leben wert?

Meine erste spontane Antwort gefällt mir gut: »Ich bin ein Träumer und möchte einer bleiben.« Ich sehne mich nach der unfassbaren Glückseligkeit. Und ich versuche, sie doch zu fassen mit ungezählten tollen Bildern: Frieden, Liebe, Ekstase, Erfüllung, himmelhoch jauchzende Freude, ungezügelte Leidenschaft, Freundschaft, gemeinsames Engagement, Solidarität, Gottesnähe, warme Geborgenheit ...

Allerdings weiß ich auch: Träume sind manchmal wie Drogen – sie berauschen den Träumer, verändern aber nichts. Wenn der Alltag zu grau wird, flüchtet man in die Träume. Der Alltag aber bleibt grau. Meine Träume sind nur dann lebendig und fruchtbar, wenn sie mich motivieren, mein Engagement fordern. Träume schenken mir einen wertvollen Lebensschatz: Perspektiven.

Also bin ich jetzt bereits ein Träumer und jemand mit Perspektiven, an denen er sich auszurichten hat. Das wird nun schon ganz schön komplex. Wie ein Steuermann muss ich Ziele anpeilen, meinen Kurs berechnen, etwaigen Problemen Rechnung tragen, dann meine Entscheidungen und Pläne konsequent umsetzen. Bin ich etwa deswegen ein langweiliger Spießer? Ganz und gar nicht – es wird spannend und macht Spaß!

Die Leitlinie »Alles – Sofort – Hier – Jetzt« ist wenig hilfreich. Ich brauche Zeit. Der Weg zum Ziel bleibt mir nicht erspart. Er fordert mein kluges Engagement, stellt meine Geduld auf die Probe, testet meine Ausdauer. Ich erfahre, dass ich erfolgreicher bin, wenn ich es schaffe, meine Zeit abzuwarten. Zudem lerne ich, dass der Weg Vorfreuden schenkt, die man genüsslich auskosten darf.

Ich bin keine einsame Insel; ohne andere läuft da nichts. Die eigentliche Frage lautet aber anders: Mit welcher Einstellung gehe ich auf die anderen zu? Sind sie nützliche Spielfiguren, über die ich verfügen kann? Übernehme ich die Rolle des Helden und mache andere zu Statisten? Könnte das umgekehrt nicht auch mir passieren? Wer gewinnt und wer verliert? Wie muss ich vorgehen, um nicht als »Looser« vom Feld zu schleichen?

Partnerschaft heißt die Losung, bei der alle Parteien Gewinnchancen haben. Damit kommen neue Werte als Anhaltspunkte mit ins Spiel: Ebenbürtigkeit, Respekt, Kommunikation, Fairness, Kompromissbereitschaft, Solidarität, Verantwortung für andere, Kooperation, Loyalität ... Gelegentlich werden sie mir zur Last: Sie bedingen Streit, sie kosten Zeit und Kraft, sie bremsen meinen Elan ... Und doch bringen sie mich meinen Träumen ein großes Stück näher. Freundschaft und Liebe werden greifbar.

Manchmal sehe ich im Spiegel einen alten Mann. Er sagt: »Ich bin du. Wie möchtest du mich haben?« Natürlich will ich glücklich alt sein. Der Greis im Spiegel erinnert mich daran, dass ich auch für mein Altern verantwortlich bin. Ich darf mir keine Hypotheken aufbürden, unter denen ich vorzeitig zerbreche. Ich muss haushalten mit meinen vielen Ressourcen, diese nicht rasch ausbrennen, sondern sie klug ausbauen. Auch mit 40, 50, 60, 70 und 80 Jahren lohnt es sich zu leben, zu lieben, zu genießen ... So zumindest meint der Greis in meinem Spiegel.

Verschämt muss ich gestehen, dass ich gelegentlich kräftig auf die Schnauze falle. »Sei nicht so unausstehlich selbstgefällig!«, sagt meine innere Stimme. Richtig, manchmal bin ich eitel und komme mir sehr überlegen vor, meine, ich sei der Größte. Wenn ich dann wehleidig auf der Nase liege, freue ich mich über die helfende Hand, die mich hochzieht. »Ätsch, tut dir gut!«, säuselt meine innere Stimme.

Manchmal auch meine ich, mich und andere ungestraft überfordern zu dürfen. »Wer die Latte zu hoch legt, stolpert und fällt hin!«, mischt sich die lästige Stimme schon wieder ein. Aber wo sie recht hat, da hat sie recht. Wenn die Ideale zu hochgeschraubt werden, sind sie destruktiv: Sie verunsichern, lähmen und erzeugen Angst.

»Sei radikal!«, lautet mein Motto, »Geh bis ins Tiefste deiner selbst und hole das Beste aus dir raus. Du wirst dabei echte Schätze bergen.« Ich finde diesen Leitspruch recht gut für mich, aber ich habe gelernt ihn zu ergänzen: »Bitte, werde dabei nicht völlig verbissen!« Was das heißt, fragst du. Ganz einfach: Vergiss nicht zu ruhen, zu entspannen, dich zu freuen, zu genießen, dankbar zu sein für alles, was dir geschenkt ist.

Niemand meckert – weder mein Greis noch meine innere Stimme. Belassen wir es also dabei!

Christlicher Glaube
und menschliche Liebe

1 Für die Christen ist Gott der Schöpfer allen Lebens. Gott schenkt Leben. Er erschafft das All, das Licht, die Elemente, die Pflanzen, die Tiere und die Menschen. Gott freut sich über sein Werk. Die Krönung seiner Schöpfung ist der Mensch; er schafft ihn nach seinem Bild. Der Mensch ist mit Gott verwandt.

In Jesus Christus verspricht Gott dem Menschen ein unendliches Leben. Der menschliche Tod ist der Übergang in ein neues Leben, in dem alle menschlichen Grenzen gesprengt werden.

2 Die wesentlichste Eigenschaft Gottes ist die Liebe. Die Liebe Gottes ist unendlich, selbstlos und unzerbrechlich. Gott bleibt uns Menschen treu, selbst wenn wir ihn verraten.

Wie die Juden glauben die Christen, dass Gott mit den Menschen einen Liebesbund geschlossen hat. Diese heilige Allianz verpflichtet beide Parteien zum Ideal der Liebe. Für die Menschen ergibt sich daraus eine dreifache Aufgabe: sich selbst mögen und annehmen, den Mitmenschen achten und ihm Gutes wollen, Gott lieben und das eigene Leben seinen Weisungen entsprechend ausrichten.

Unsere Verwandtschaft mit Gott beruht auf unserer Fähigkeit, uns und andere zu lieben. Die Liebesgabe ist der wahre und echte Kern des Menschen. Er macht unsere Identität aus und zeigt uns unsere eigentliche Berufung. Wir leben, um zu lieben.

Weil die Menschen den Liebesbund mit Gott immer wieder brechen, vergessen und verraten, schickt Gott seinen Sohn Jesus. Jesus soll den Liebesbund besiegeln und uns ein für alle Mal mit uns selbst, mit unseren Nächsten und mit Gott versöhnen.

3 Gottes Bund mit den Menschen bleibt für jeden Einzelnen ein Angebot. Gott achtet unsere Freiheit. Er pflegt mit uns einen sehr »partnerschaftlichen« Stil. Obschon die Christen an seine Allmacht glauben, verzichtet Gott darauf zu nehmen, zu zwingen, zu unterwerfen. Das Angebot Gottes, das für uns immer wieder gilt, erfordert unsere freie persönliche Entscheidung.

In unserer Freiheit schenkt Gott uns gewissermaßen Bürgerrecht in seinem Reich der Liebe. Unsere Freiheit begründet unsere Würde, unsere Größe, unsere Autorität. Damit übernehmen wir auch Verantwortung für uns und für andere. Die Dinge liegen mit in unserer Hand. Wenn wir uns selbst ernst nehmen, können wir uns impulsive Naivität eigentlich nicht leisten. Wir werden mit »schuldig« für das Gute und das Böse, das Wahre und das Falsche.

Gesetze, Regeln, Normen, Verbote, Vorschriften und Gebräuche sind wertvolle Schätze. Sie helfen und entlasten uns. Sie schützen uns vor eigener und fremder Willkür. Sie verhindern egoistische und gewaltsame Übergriffe. Aber zum anderen können sie uns aus unserer persönlichen Verantwortung nie entlassen. Vor uns selbst, vor unseren Mitmenschen und vor Gott können wir uns nicht hinter ihnen verbergen.

Für Christen ist das persönliche Gewissen die letzte moralische Instanz, wo der Einzelne in der Auseinandersetzung mit sich selbst und im Zwiegespräch mit Gott sich frei entscheidet. Dabei hat er vieles zu berücksichtigen: seine eigenen unmittelbaren Vor- und Nachteile, seine mittel- und langfristigen Perspektiven, seine Werte und Ideale, das Wohl seiner Nächsten und seiner Mitmenschen, die Chancen und Risiken seines Umfeldes, die eventuellen Lasten für kommende Generationen ...

4 Zum einen nimmt Gott uns Menschen als seine Kinder an und beruft uns, seinen Liebesplan schöpferisch mitzugestalten. Zum anderen bleibt unser irdisches Leben geprägt durch Schwächen, Fehler, Zweifel, Schuld und Angst. »Erbsünde« sagt dazu die Kirche und meint eine belastende Hypothek, die das ganze Menschengeschlecht – uns, unsere Vorfahren und unsere Nachkommen – bremst, lähmt und gelegentlich niederwirft.

Aus der Sicht des christlichen Glaubens ist der Mensch in seinem Tun und Lassen ambivalent: Er ist dem Höchsten verpflichtet und haftet gleichzeitig an den Niederungen seiner Unsicherheit und Kleinlichkeit.

Die Liebe, die Solidarität, die Gerechtigkeit und die Güte der Menschen tragen immer wieder die Spuren ihrer Zerbrechlichkeit. Der Mensch ist nicht vollkommen; er ist Gott ähnlich, aber er ist nicht Gott. Er bedarf der definitiven Befreiung und Erlösung durch den Gott der Liebe und der Güte.

5 Den Bibeltexten entsprechend scheint Gott bei der Erschaffung des Menschen vorerst ein Fehler zu unterlaufen, den er sofort korrigiert. Gott sieht, dass es dem Wesen des Menschen nicht entspricht, einsam zu sein. Das erste Exemplar Mensch wird neu gestaltet: Gott schafft den Menschen als Frau und als Mann. Und er sieht, dass dies so sehr gut ist.

Die Unterschiedlichkeit von Frau und Mann drückt sich aus in ihrer Geschlechtlichkeit, in ihrer Sexualität. Diese ist von Gott gewollt. Gott sieht ein und bekräftigt, dass nicht der einsame, sondern der geschlechtliche Mensch am besten seiner Berufung entsprechen kann. Frau und Mann investieren ihre Geschlechtlichkeit, um einander zu lieben und das Leben weiterzuschenken.

Der zur Liebe berufene Mensch lebt auf und findet zu sich selbst im emotionalen Umfeld der Partnerschaft, der Ehe, der Familie, der Freundschaft und der Gemeinschaft. Das tragende Element der menschlichen Lebensgemeinschaft ist das Paar von Frau und Mann, seine Gemeinsamkeit und seine Unterschiedlichkeit, seine Harmonie und seine Spannungen.

6 Gott gibt dem Menschenpaar nicht nur eine Liebesmission, sondern bestellt es als engste Mitarbeiter an seinem Schöpfungswerk. In ihrer sexuellen Vereinigung erhalten Mann und Frau den Auftrag, das Leben weiterzugeben.

Für Christen beschränkt sich dies nicht auf die Zeugung und die Erziehung von Kindern. Die Pflege von Alten und Kranken, der aktive Umweltschutz, künstlerisches Schaffen, Forschung und Unterricht, die Nachbarschaftshilfe oder der Einsatz für sozial Benachteiligte sind Beispiele unter vielen anderen für den Dienst am Leben.

7 Das Engagement liebender Menschen ist ohne Berechnung, es ist bedingungslos, selbstlos und großherzig. Dabei weiß die rechte Hand nicht, was die linke tut. Wer so schenkt, geht das Risiko ein, sich selbst zu verlieren. Doch die Botschaft des Evangeliums ist eindeutig: Nur wer sein Leben im Dienst der Liebe verschenkt, kann es vor Gott gewinnen.

Jesus geht in seinem Wirken keine Kompromisse ein. Zu keinem Moment verrät er seine Botschaft der Liebe. Seine Zuwendung, seine Güte, seine Ausstrahlung bewirken regelrecht Wunder: Blinde sehen, Lahme laufen, Verzagte hoffen und Depressive leben auf. Ausgesonderte, Kollaborateure, Huren und Ausbeuter glauben an sich selbst und krempeln ihr Leben um. Doch eckt Jesus an, er stört, er wird verwarnt. Er will nicht hören und bleibt seiner Aufgabe treu. Die Konsequenz ist seine schmachvolle Hinrichtung. Doch ist für die Gläubigen der Opfertod nicht das Ende, sondern der strahlende Neubeginn. Der Gott der Liebe und des Lebens schenkt den Seinen Heimatrecht bei sich.

In dieser Perspektive sind Verzicht, Schmerz, Leid und Opfer Elemente unserer menschlichen Erfahrung. Sie dürfen nicht zum Selbstzweck werden, sind aber immer wieder der Preis oder die Konsequenz der radikalen Liebe und des kompromisslosen Dienstes am Leben.

8 Gott schafft uns Menschen als Wesen mit einem Körper. Er verankert uns so in dieser Welt; wir werden Bestandteil unserer irdischen Umwelt. Unser Körper wird zum unablässigen Medium, zum notwendigen Instrument, das wir einsetzen, um unser Leben zu gestalten. Über unseren Körper empfinden wir Bedürfnisse, kommunizieren wir mit anderen, fühlen wir, arbeiten und ruhen wir, freuen wir uns und genießen wir, schenken wir das Leben weiter, lieben wir uns selbst, unsere Nächsten und auch Gott. In und mit unserem Körper sind wir liebende Partner, Gatten, Eltern und Freunde.

Doch ist unsere Körperlichkeit ambivalent. In ihr zeigen sich ebenfalls unsere menschlichen Schwächen: Faulheit, Habsucht, Eitelkeit, Gier, Ausschweifung, Gewalt ... Auch gemahnt unser Körper uns an unsere Endlichkeit; seine schwindenden Kräfte und Ressourcen verdeutlichen unsere Zerbrechlichkeit; die Angst vor dem Tod wird zum bedrohlichen Damoklesschwert.

In der Vorstellung der Christen hat Gott keinen menschlichen Körper. Bei Gott werden die Grenzen und die Endlichkeit der Körperlichkeit aufgelöst. Manche Menschen meinen deshalb, den Körper als hemmende Barriere abwerten zu müssen. Doch entspricht eine solche Haltung keineswegs der Sicht der Bibel. Dort wird der menschliche Körper weder vergötzt noch verteufelt. Laut der christlichen Botschaft wird der irdische Körper nicht von Gott als überflüssige Hülle »entsorgt«. In der Erlösung, die er uns schenkt, wird auch unser Körper zu einem neuen Leben auferstehen.

Gleiches gilt für die sexuelle Lust, die unser Körper uns vermittelt. Wer Liebe und Sexualität auf gierige und unersättliche Genusssucht verkürzt, entwertet sich und seine Nächsten, verrät das Ideal der Liebe und des Lebens. Auf der anderen Seite schenkt die sexuelle Lust uns Wärme und Freude, erfüllt und motiviert uns, macht uns auf ihre Art offen für das Glück, das uns Gott verheißt. Die Bibel gebraucht im Hohelied erotische Bilder, um den Gott der Liebe zu loben und zu verherrlichen.

9 In der Bibel wird die menschliche Liebe zum vorzüglichsten Bild der Liebe Gottes. Zuwendung, Wärme, Fürsorge, Verspieltheit, Eros, Freude, Fruchtbarkeit, Leben und Kreativität: Sie bezeugen Gott und seinen Liebespakt mit uns.

Dies gilt vorerst für die treue und endgültige Liebespartnerschaft, die Frau und Mann in der Ehe eingehen. Auch wenn dies keineswegs der Lehre der katholischen Kirche entspricht, sind doch viele Christen überzeugt, dass auch junge Paare vor der Ehe, nicht verheiratete Paare oder homosexuelle Paare in ihrer Liebe auf den Gott der Güte und des Lebens hinweisen.

Die Liebe Gottes offenbart sich selbstverständlich auch in der Elternschaft. Christen rufen Gott an als Mutter und Vater. Das Gebet, das Christus selbst seine Jüngerinnen und Jünger lehrt, beginnt mit den Worten »Vater unser«. Söhne und Töchter, Schwestern und Brüder, Verwandte, Freunde, Nachbarn, Gemeinschaft: Worte, auf die die Bibel gerne zurückgreift, um uns Menschen Gott näherzubringen, uns ihn begreifen zu lassen.

10 Unsere Liebe macht uns offen für Gott. In der Zuwendung und Güte, die wir erfahren und schenken, öffnen wir uns und wachsen wir über uns hinaus. Wir sehnen uns nach dem Höchsten und sind bereit nach den Sternen unserer Ideale zu greifen. Die Zeit der Liebe ist für Frauen und Männer jeden Alters eine »hohe Zeit«.

Adel verpflichtet! Wir Menschen sind aufgefordert, unsere Liebesbeziehungen am hohen Ideal der Gottesliebe auszurichten: gütig, treu, unverbrüchlich, großzügig, geduldig, verzeihend, freudig, fruchtbar, dem Leben verpflichtet ...

Nur dort, wo Menschen sich um diese reine und vollkommene Liebe bemühen, findet die Sexualität letztlich ihren berechtigten Platz. Für die katholische Kirche ist deshalb der Geschlechtsverkehr den liebenden Ehepartnern vorbehalten.

11 Dort, wo Christen dieses Ideal stur, selbstherrlich und ohne Güte verkünden, wird die Frohbotschaft für viele zur unzumutbaren Last. Wer von vornherein befürchten muss, an der Aufgabe zu zerbrechen und dann erbarmungslos verurteilt zu werden, lässt es lieber bleiben.

Gott versteht seinen Liebespakt nicht als Gängelung oder Geißel. Der christliche Gottesglaube vermittelt Orientierungspunkte, die uns vor den Sackgassen und Irrwegen unserer Angst und Zweifel schützen. Gottesglaube will uns Mut machen, uns motivieren, uns neue Chancen vermitteln, uns frohe Perspektiven erschließen.

Gott weiß jeden unserer kleinsten Schritte zu würdigen. Er freut sich mit an dem, was uns gelingt. Er ist gütig und barmherzig. Gott misst uns weniger daran, ob wir das Endziel erreichen, als an unserer Bereitschaft, die uns geschenkten Liebesressourcen einzusetzen. Sünder, die um ihre Fehler wissen, sind ihm willkommen. Nicht aber die Menschen, die aus Angst ihre Talente vergraben, um ja nicht zu fehlen. Gott schätzt unseren Wagemut. Sein Sohn Jesus übermittelt uns eine wunderbare Nachricht: Gott vollendet unsere bescheidenen und gewiss fehlerhaften Liebeswerke. Er schreibt gerade auf den krummen Zeilen unseres Lebens.

Göttliche und menschliche Liebe in den Büchern der Bibel

Gott schuf also den Menschen als sein Abbild; als Abbild Gottes schuf er ihn. Als Mann und Frau schuf er sie. Gott segnete sie und Gott sprach zu ihnen: Seid fruchtbar und vermehrt euch, (...) und herrscht über die Fische des Meeres, über die Vögel des Himmels und über alle Tiere, die sich auf dem Land regen. (...) Gott sah alles an, was er gemacht hatte: Es war sehr gut.

Buch Genesis 1,27–31

Wie schön bist du und wie reizend, du Liebe voller Wonnen! Wie eine Palme ist dein Wuchs; deine Brüste sind wie Trauben. Ich sage: Ersteigen will ich die Palme; ich greife nach den Rispen. Trauben am Weinstock seien mir deine Brüste, Apfelduft sei der Duft deines Atems, dein Mund köstlicher Wein, der glatt in mich eingeht, der Lippen und Zähne mir netzt.

Hohelied 7,7–10

Wer sich selbst nichts gönnt, wem kann der Gutes tun? Er wird seinem eigenen Glück nicht begegnen.

Buch Jesus Sirach 14,5

Wie der junge Mann sich mit der Jungfrau vermählt, so vermählt sich mit dir dein Erbauer. Wie der Bräutigam sich freut über die Braut, so freut sich dein Gott über dich.

Buch Jesaja 62,5

Meister, welches Gebot im Gesetz ist das wichtigste? Er antwortete (...): Du sollst den Herrn, deinen Gott, lieben mit ganzem Herzen, mit ganzer Seele und mit all deinen Gedanken. Das ist das wichtigste und erste Gebot. Ebenso wichtig ist das zweite: Du sollst deinen Nächsten lieben wie dich selbst.

Evangelium nach Matthäus 22,36–39

Da brachten die Schriftgelehrten und die Pharisäer eine Frau, die beim Ehebruch ertappt worden war. (...) Sie sagten zu ihm: (...) Mose hat uns im Gesetz vorgeschrieben, solche Frauen zu steinigen. Nun, was sagst du? (...) Jesus aber bückte sich und schrieb mit dem Finger auf die Erde. Als sie hartnäckig weiterfragten, richtete er sich auf und sagte zu ihnen: Wer von euch ohne Sünde ist, werfe als Erster einen Stein auf sie. Und er bückte sich wieder und schrieb auf die Erde. Als sie seine Antwort gehört hatten, ging einer nach dem anderen fort (...). Jesus blieb allein zurück mit der Frau (...). Er sagte zu ihr: Frau, wo sind sie geblieben? Hat dich keiner verurteilt? Sie antwortete: Keiner, Herr. Da sagte Jesus zu ihr: Auch ich verurteile dich nicht. Geh und sündige von jetzt an nicht mehr!

Evangelium nach Johannes 8,3–11

Freu dich der Frau deiner Jugendtage, der lieblichen Gazelle, der anmuti-
gen Gämse! Ihre Liebkosung mache dich immerfort trunken, an ihrer Liebe
berausch dich immer wieder!

Buch der Sprichwörter 5,18–19

Also: Iss freudig dein Brot und trink vergnügt deinen Wein; denn das, was
du tust, hat Gott längst so festgelegt, wie es ihm gefiel. Trag jederzeit fri-
sche Kleider und nie fehle duftendes Öl auf deinem Haupt. Mit einer Frau,
die du liebst, genieß das Leben alle Tage deines Lebens voll Windhauch.

Buch Kohelet 9,7–9

225

Die Liebe ist langmütig, die Liebe ist gütig. Sie ereifert sich nicht, sie prahlt nicht, sie bläht sich nicht auf. Sie handelt nicht ungehörig, sucht nicht ihren Vorteil, lässt sich nicht zum Zorn reizen, trägt das Böse nicht nach. Sie freut sich nicht über das Unrecht, sondern freut sich an der Wahrheit. Sie erträgt alles, glaubt alles, hofft alles, hält allem stand. Die Liebe hört niemals auf.

Erster Brief an die Korinther 13,4–8

Liebe Brüder, wir wollen einander lieben; denn die Liebe ist aus Gott und jeder, der liebt, stammt von Gott und erkennt Gott.

Erster Brief des Johannes 4,7

Aussagen der
Kirchen zu Liebe, Ehe und Familie

Katholische Kirche

Zweites Vatikanisches Konzil

Diese eigentümlich menschliche Liebe geht in frei bejahter Neigung von Person zu Person, umgreift das Wohl der ganzen Person, vermag so den leib-seelischen Ausdrucksmöglichkeiten eine eigene Würde zu verleihen und sie als Elemente und besondere Zeichen der ehelichen Freundschaft zu adeln. Diese Liebe hat der Herr durch eine besondere Gabe seiner Gnade und Liebe geheilt, vollendet und erhöht. Eine solche Liebe, die Menschliches und Göttliches in sich eint, führt die Gatten zur freien gegenseitigen Übereignung ihrer selbst, die sich in zarter Zuneigung und in der Tat bewährt, und durchdringt ihr ganzes Leben; ja gerade durch ihre Selbstlosigkeit in Leben und Tun verwirklicht sie sich und wächst. Sie ist viel mehr als bloß eine erotische Anziehung, die, egoistisch gewollt, nur zu schnell wieder erbärmlich vergeht.

Diese Liebe wird durch den eigentlichen Vollzug der Ehe in besonderer Weise ausgedrückt und verwirklicht. Jene Akte also, durch die die Eheleute innigst und lauter eins werden, sind von sittlicher Würde; sie bringen, wenn sie human vollzogen werden, jenes gegenseitige Übereignetsein zum Ausdruck und vertiefen es, durch das sich die Gatten gegenseitig in Freude und Dankbarkeit reich machen. Diese Liebe, die auf gegenseitige Treue gegründet und in besonderer Weise durch Christi Sakrament geheiligt ist, bedeutet unlösliche Treue, die in Glück und Unglück Leib und Seele umfasst und darum unvereinbar ist mit jedem Ehebruch und jeder Ehescheidung.

Zweites Vatikanisches Konzil, Die pastorale Konstitution über die Kirche in der Welt von heute »Gaudium et Spes«, 49, 1966

Papst Johannes Paul II.

»Gott ist Liebe« und lebt in sich selbst ein Geheimnis personaler Liebesgemeinschaft. Indem er den Menschen nach seinem Bild erschafft und ständig im Dasein erhält, prägt Gott der Menschennatur des Mannes und der Frau die Berufung und daher auch die Fähigkeit und die Verantwortung zu Liebe und Gemeinschaft ein. Die Liebe ist demnach die grundlegende und naturgemäße Berufung jedes Menschen. (...)

Die christliche Offenbarung kennt zwei besondere Weisen, die Berufung der menschlichen Person zur Liebe ganzheitlich zu verwirklichen: die Ehe und die Jungfräulichkeit. Sowohl die eine als auch die andere ist in der ihr eigenen Weise eine konkrete Verwirklichung der tiefsten Wahrheit des Menschen, seines »Seins nach dem Bild Gottes«.

Infolgedessen ist die Sexualität, in welcher sich Mann und Frau durch die den Eheleuten eigenen und vorbehaltenen Akte einander schenken, keineswegs etwas rein Biologisches, sondern betrifft den innersten Kern der menschlichen Person als solcher. Auf wahrhaft menschliche Weise wird sie nur vollzogen, wenn sie in jene Liebe integriert ist, mit der Mann und Frau sich bis zum Tod vorbehaltlos einander verpflichten. (...)

Die Ganzheit, wie sie die eheliche Liebe verlangt, entspricht auch den Forderungen, wie sie sich aus einer verantworteten Fruchtbarkeit ergeben. Auf die Zeugung eines Menschen hingeordnet, überragt diese ihrer Natur nach die rein biologische Sphäre und berührt ein Gefüge von personalen Werten, deren harmonische Entfaltung den dauernden, einträchtigen Beitrag beider Eltern verlangt.

Diese Hingabe ist in ihrer ganzen Wahrheit einzig und allein im »Raum« der Ehe möglich, im Bund ehelicher Liebe, auf dem Boden der bewussten und freien Entscheidung, mit der Mann und Frau die innige, von Gott gewollte Lebens- und Liebesgemeinschaft eingehen, die nur in diesem Licht ihren wahren Sinn enthüllt.

Papst Johannes Paul II., Apostolisches Schreiben »Familiaris consortio«. Über die Aufgaben der christlichen Familie in der Welt von heute, 11, 1981

Papst Benedikt XVI.

Der zum »Sex« degradierte Eros wird zur Ware, zur bloßen »Sache«; man kann ihn kaufen und verkaufen, ja, der Mensch selbst wird dabei zur Ware. In Wirklichkeit ist dies gerade nicht das große Ja des Menschen zu seinem Leib. Im Gegenteil: Er betrachtet nun den Leib und die Geschlechtlichkeit als das bloß Materielle an sich, das er kalkulierend einsetzt und ausnützt. Es erscheint nicht als Bereich seiner Freiheit, sondern als ein Etwas, das er auf seine Weise zugleich genussvoll und unschädlich zu machen versucht. In Wirklichkeit stehen wir dabei vor einer Entwürdigung des menschlichen Leibes, der nicht mehr ins Ganze der Freiheit unserer Existenz integriert, nicht mehr lebendiger Ausdruck der Ganzheit unseres Seins ist, sondern gleichsam ins bloß Biologische zurückgestoßen wird. Die scheinbare Verherrlichung des Leibes kann ganz schnell in Hass auf die Leiblichkeit umschlagen. Demgegenüber hat der christliche Glaube immer den Menschen als das zweieinige Wesen angesehen, in dem Geist und Materie ineinandergreifen und beide gerade so einen neuen Adel erfahren. Ja, Eros will uns zum Göttlichen hinreißen, uns über uns selbst hinausführen, aber gerade darum verlangt er einen Weg des Aufstiegs, der Verzichte, der Reinigungen und Heilungen. (...)

Papst Benedikt XVI., Enzyklika »Deus caritas est«, 5, 2005

Deutsche Bischofskonferenz

Die biblische und christliche Botschaft zur Sexualität hat viele Aspekte, die jeweils neu entdeckt werden müssen. In der Mitte steht immer die Würde des Menschen vor Gott. Menschen entsprechen ihr in der Bereitschaft, ihr sexuelles Verhalten unter der Maßgabe der Liebe und der Verantwortung zu entwickeln. Die biblische Botschaft zeigt, dass Sexualität, Freude an ihr und die Möglichkeit, Leben weiterzugeben, gute Gaben Gottes sind. (...)

Zur christlichen Überzeugung gehört die Vermenschlichung der Sexualität, d.h. weder ihre Verteufelung noch ihre Vergötzung. So werden existenzielle Grunderfahrungen ermöglicht: Selbstannahme (Identität), die Annahme des anderen (Beziehung), die Erfahrung der Lust und der Fruchtbarkeit des Menschen. Liebe, Lust und Fruchtbarkeit ergänzen sich gegenseitig: Das Einswerden von Mann und Frau ist offen für neues Leben.

Brief der Jugendkommission der Deutschen Bischofskonferenz an die Verantwortlichen in der kirchlichen Jugendarbeit zu einigen Fragen der Sexualität und der Sexualpädagogik, 4.3, 1999

Kardinal Karl Lehmann

Auch wo die Tendenz zur Individualisierung und Selbstverwirklichung dominiert, gibt es Hunger nach Geborgenheit und Nähe. Die Menschen sehnen sich nach Bindungen, die glücken. Aber diese Bindungen sind im Blick auf ihren Verpflichtungscharakter und manches andere, wie Dauer und Umfang, anders. Sie sind viel stärker auf freie Akzeptanz gegründet, die durchaus auch Bindung, Liebe und Selbstlosigkeit kennt. Aber diese werden nur durch das freie, personale Ja hindurch gewonnen. Hier muss man näher zusehen. Wenn der institutionelle Charakter der Ehe in den Hintergrund tritt und dafür sehr viel mehr die Beziehungsebene und damit Emotionen bedeutsam werden, können Enttäuschungen über den Partner die Auflösung der Ehe begünstigen. Das Scheidungsrisiko wächst. Die wechselseitigen Ansprüche können so stark werden, dass es kaum mehr Ausgleichselemente geben kann. Umso mehr muss von der Personalität her die institutionelle Dimension von Ehe und Familie wieder entdeckt werden, die es durchaus gibt. So darf eben das freie, personale Ja der Partner zueinander bei aller Verwurzelung in der Sphäre persönlicher Entscheidung nicht nur individuell oder privat verstanden werden. Das verbindlich und öffentlich gesprochene Ja-Wort kann auch zu einem Schutz der Zuneigung werden. Die Treue besiegelt die Liebe und bindet diese an ihren eigenen Willen. So ist sie nichts Fremdes, das einfach von außen kommt. (...)

Kardinal Karl Lehmann, Die Kirche – Engagierte Förderin von Ehe und Familie, Gesprächsrunde im Rahmen des Mainzer Schlossgespräches »Vorfahrt für die Familie«, 16. Juni 2000 in Mainz

Bischof Franz Kamphaus

Die Arbeit (mit HIV-Infizierten) erfolgt ohne Schuldzuweisung. Es gibt keine Diskriminierung in der Informationsweitergabe oder im Angebot von Dienstleistungen. Manchen von Ihnen wird die ABC-Methode bekannt sein. Kerninhalt dieser Methode im Kampf gegen AIDS ist es, die Menschen auf drei Verhaltensweisen im Sexualbereich zur Prävention einer HIV-Infektion hinzuweisen: A = Abstinence (Enthaltsamkeit), B = Be faithful (Treue), C = Condoms oder katholisch für Conscience (Gewissen) bzw. Choice (Wahl). In katholischen Institutionen wird heute (in der Regel) über alle Infektionsmöglichkeiten und den möglichen Schutz informiert. Ob der Einzelne zum Kondom greift, ist seine Entscheidung (C = Choice/Conscience). Nicht auf Kondome zu verweisen, wäre ein unethisches Vorenthalten von Informationen. In diesem Zusammenhang möchte ich darauf hinweisen, dass in vielen säkularen Einrichtungen nicht auf die Möglichkeit von Enthaltsamkeit und Treue als AIDS-Prävention hingewiesen wird. Hier wird den Menschen dann auch eine Information vorenthalten, die ihr Leben schützen kann. Treue ist der sicherste Weg. (...)

Beim Thema HIV/AIDS steht die katholische Kirche in der Öffentlichkeit meist unter einem Generalverdacht. Die Kirche verbietet Kondome.

Kondome schützen vor AIDS. Folglich behindert die Kirche den wirksamen Schutz vor AIDS, ja sie begünstigt sogar die Verbreitung der Krankheit und ist damit für massenhaftes Leid und Elend verantwortlich. Zu dieser Kette wäre manches zu sagen und vieles zu erklären. Ich will den kritischen Anfragen auch gar nicht ausweichen. Die Engführung der AIDS-Thematik auf die Kondomfrage geht – das ist nach beiden Seiten hin zu sagen – an den Lebenswirklichkeiten der Menschen vorbei. Sie zeugt von einer rein technischen, westlichen Sicht der Dinge, die die kulturellen, sozialen und gesellschaftlichen Kontexte vieler Menschen nicht berücksichtigt. Die sind aber die zentralen Ursachen der Epidemie. Wer sie außer Acht lässt, kann AIDS nicht wirksam bekämpfen. Die gesellschaftlichen und sozialen Gegebenheiten sind es nämlich, die junge Mädchen in die Prostitution treiben, die Väter auf der Suche nach Arbeit oft jahrelang von ihren Familien trennen, die sexuelle Gewalt fördern und sexuelle Selbstbestimmung gerade auch der Frauen verhindern. Hier gilt es anzusetzen, will man langfristig und wirksam den Kampf gegen AIDS führen und gewinnen. Kondome allein helfen da nicht. Sie sind kein Allheilmittel. Sie können sogar das Verhalten in gefährlichen Verhaltensmustern fördern. Nur durch eine umfassende Sicht der Krankheit und ihrer Verbreitungsursachen kann AIDS begegnet werden. Dabei wird man nicht um die Frage der sexuellen Verhaltensweisen herumkommen. Wenn es nicht gelingt, das Verhalten der Menschen dahingehend zu verändern, dass sie ihre Sexualität reflektiert, selbstbestimmt und würdig leben, wird sich AIDS weiter ausbreiten. (...)

Bischof Franz Kamphaus, Die Aids-Arbeit der kirchlichen Hilfswerke, Rede beim Besuch der Gesellschaft für Technische Zusammenarbeit (GTZ), 6. Mai 2005 in Eschborn

Evangelische Kirche in Deutschland (EKD)

Rat der Evangelischen Kirchen in Deutschland

Nach den Aussagen der Bibel ist der Mensch ein konstitutiv leibhaftes und in seiner Leibhaftigkeit ein konstitutiv sexuelles Wesen. Er ist von Gott erschaffen als Mann und Frau. Diese Polarität wird in den biblischen Schöpfungsberichten unmittelbar in Beziehung gesetzt zu den beiden Grundelementen der Sexualität: der Weitergabe von Leben (Gen 1,27) sowie der lustvollen Zuwendung und Vereinigung (Gen 2,24 sowie die beeindruckenden Texte des Hohelieds). Von dieser Geschlechtergemeinschaft zwischen Mann und Frau kommt alles menschliche Leben her. Von ihr stammt jeder Mensch ab. In ihr findet menschliche Sexualität ihre Erfüllung.

Beide Grundelemente sind dabei gleichwertig, aber auch aufeinander verwiesen und bezogen. In der Offenheit für die Weitergabe des Lebens bekommt die Beziehung von Mann und Frau eine neue Dimension, ja sie erhält dadurch Anteil am Schöpferwirken Gottes. Aber nur durch die Zuwendung und Vereinigung, die das Gegenüber sucht und meint, gebrauchen die Partner sich nicht bloß gegenseitig als Mittel zum Zweck der Fortpflanzung, sondern nehmen einander in ihrer unverwechselbaren Eigenart wahr. Die Einheit beider Elemente ist so nur in der Geschlechtergemeinschaft von Mann und Frau gegeben. Das zeichnet sie aus.

(...)

Die(se) Unterscheidung zwischen einer gelebten sexuellen Prägung einerseits und der ethischen Gestaltung der so gelebten Sexualität andererseits ist (im Blick auf homosexuell wie heterosexuell geprägte Menschen) wichtig. Sie leitet an zu der Differenzierung zwischen einer sexuellen Form des Zusammenlebens (einschließlich ihrer möglichen Begrenzungen) und der ethischen Gestaltung dieser Form des Zusammenlebens. Diese Unterscheidung muss im Folgenden im Blick bleiben.

Angesichts der zentralen Bedeutung, die das Liebesgebot im Alten Testament, besonders aber im Neuen Testament als Inbegriff des Willens Gottes hat (...), muss zwischen dem Liebesgebot, als dem Inbegriff des

233

heilsamen Gotteswillens für den Menschen, und der Frage nach der ethisch verantwortlichen Gestaltung der homosexuellen Form des Zusammenlebens eine Beziehung hergestellt werden. Da das Liebesgebot ausnahmslos und umfassend gilt, kann auch homosexuelles Zusammenleben nicht von seiner Geltung ausgenommen werden. Das heißt aber: Der im Liebesgebot ausgesprochene Wille Gottes gilt (auch) für die Gestaltung homosexuellen Zusammenlebens.

(...)

Dann muss vom Gesamtzeugnis der Bibel her gesagt werden, dass für die Gestaltung einer homosexuellen (wie jeder anderen zwischenmenschlichen) Beziehung entscheidend ist, ob sie in Liebe zu Gott und Menschen gelebt wird, und d.h. auch: ob sie die Bereitschaft zur Annahme der Lasten einer Beziehung einschließt. Die Spannung zwischen dem biblischen Widerspruch gegen homosexuelle Praxis als solche und der Bejahung ihrer ethischen Gestaltung gemäß dem Willen Gottes verschwindet dadurch nicht, kann aber von daher verstanden und ausgehalten werden.

(...)

Gerade wegen ihrer Gefährdungen darf die Enthaltsamkeit nicht zur ethischen Forderung erhoben werden. Die wichtigsten einschlägigen Texte aus Schrift und Bekenntnis sprechen an dieser Stelle einmütig und ausdrücklich von einer besonderen Gabe, die einem Menschen von Gott gegeben sein muss, um sexuell enthaltsam leben zu können. Paulus gebraucht hierfür sogar den Begriff »Charisma«, und er fügt an: »Wenn sie sich aber nicht enthalten können, sollen sie heiraten; denn es ist besser, zu heiraten, als sich in Begierde zu verzehren« (1 Kor 7,9). Aber dieser »Ausweg« ist für eindeutig und unveränderbar homosexuell geprägte Menschen versperrt, ja er darf ihnen nicht gewiesen und von ihnen nicht begangen werden.

Denjenigen, denen das Charisma sexueller Enthaltsamkeit nicht gegeben ist, ist zu einer vom Liebesgebot her gestalteten und damit ethisch verantworteten gleichgeschlechtlichen Lebensgemeinschaft zu raten. Die Kriterien, die für sie gelten, sind – mit einer wesentlichen Ausnahme –

dieselben, die für die Ehe und Familie gelten: Freiwilligkeit, Ganzheitlichkeit, Verbindlichkeit, Dauer und Partnerschaftlichkeit. (...)

Rat der Evangelischen Kirchen in Deutschland, Mit Spannungen leben. Orientierungshilfe des Rates der EKD, 1996

Ehe und Familie sind für den christlichen Glauben gute Gaben Gottes. Die evangelische Kirche sieht in ihnen die grundlegende und exemplarische Form menschlichen Zusammenlebens. Die Kirche erinnert Frauen und Männer an die Maßstäbe, die für das Zusammenleben in Ehe und Familie unerlässlich sind: gegenseitige Liebe und Anerkennung, Verlässlichkeit und Treue im Miteinander, die Bereitschaft, in guten wie in schweren Tagen füreinander Verantwortung zu tragen, die Fähigkeit, an Konflikten zu arbeiten, Kompromisse einzugehen und Gegensätze zu ertragen. Diese Maßstäbe haben ihre Grundlage in dem Bekenntnis dazu, dass Frauen und Männer gleichermaßen zum Ebenbild Gottes geschaffen und mit Menschenwürde begabt sind. (...)

Umso wichtiger ist es für die Kirche, in ihren Bemühungen nicht nachzulassen, die Menschen bereits frühzeitig zu Verlässlichkeit und Übernahme lebenslanger, wechselseitiger Verantwortung unter dem Schutz der Institution Ehe zu befähigen und zu ermutigen. Auch wenn es in unserer Lebenswirklichkeit verschiedene Formen des Zusammenlebens von Frau und Mann gibt, so ist doch aus evangelischer Sicht die auf Dauer angelegte Gemeinschaft in einer Ehe dafür die geeignetste Form. Mit ihrem Angebot fachkundiger Familien- und Lebensberatung und ihrem vielfältigen familienbezogenen Bildungsengagement von den Kindergärten bis zu den Familienbildungsstätten will die Kirche den Familien angesichts der Vielfalt von Lebensentwürfen und Lebensstilen Werte vermitteln, eine Orientierung ermöglichen und ihnen in kritischen Lebenssituationen helfen, ihre Konflikte zu bewältigen. (...)

Rat der Evangelischen Kirchen in Deutschland, Was Familien brauchen. Eine familienpolitische Stellungnahme des Rates der EKD, 2002

Bischof Wolfgang Huber

(...) Ich bin erstaunt darüber, wie viele Menschen mir das mit Freude und Dankbarkeit erzählen: den Segen, den sie durch Kinder erfahren. Und ich wundere mich darüber, wie viele Menschen sich vor diesem Segen scheuen. Was alles dagegen spricht, wissen sie zu berichten. Eine Festlegung vermuten sie hinter dem Kinderwunsch, die sie sich nicht zumuten wollen. Unrecht haben sie nicht: Von Kindern kann man sich nicht scheiden lassen, Gott sei Dank. Ein Risiko im Blick auf den eigenen Wohlstand, gar ein Armutsrisiko sehen sie in Kindern. Und wieder haben sie nicht unrecht: Wer Kinder hat, teilt mit ihnen alles, auch das eigene Einkommen. Gewürdigt wird das in unserer Gesellschaft bis zum heutigen Tag nicht in zureichendem Maß. Und trotzdem: Wer mit Kindern lebt, weiß, wie das ist: gleichzeitig beschenkt und gesegnet zu werden. Wir hoffen auf Kinder, so wie die Vögel auf das Wachsen des Senfkorns hoffen, damit sie selber ihre Nester bauen können. Kinder sind Boten des Lebens. (...)

Bischof Wolfgang Huber, Predigt im Gottesdienst zur bundesweiten Eröffnung der Woche für das Leben 2005, 9. April 2005 in Kassel

Hinweis: Die Schriften der katholischen und evangelischen Kirche sind zum größten Teil auch online zu lesen oder zu bestellen unter www.dbk.de (Deutsche Bischofskonferenz) oder www.ekd.de (Evangelische Kirche in Deutschland).

Kleines Sex-Lexikon

Analverkehr

Einführen des erigierten männlichen Gliedes in den After der Sexualpartnerin oder des -partners.

Bisexualität

Bi- oder ambisexuelle Menschen haben ein erotisches Interesse an beiden Geschlechtern. Das Nebeneinander von hetero- und homosexueller Veranlagung bei einem Menschen.

Coming out

Wahrnehmung der eigenen sexuellen Ausrichtung. Selbstannahme als hetero- oder homosexueller Mensch.

Cunnilingus

Sexuelle Reizung der weiblichen Geschlechtsteile durch Lecken und Saugen. »Cunnus« ist lateinisch für Vulva, »lingere« bedeutet lecken.

Effemination

Als typisch weiblich geltende Merkmale, Empfindungen und Verhalten; gilt zu Unrecht als »Markenzeichen« von Schwulen.

Embryo

Bezeichnung für das ungeborene Kind nach der Einnistung in der Gebärmutter und bis zum Ende des dritten Schwangerschaftsmonats. Der Begriff Fötus gilt für die letzten sechs Schwangerschaftsmonate.

Exhibitionismus

Sich vor allem dadurch sexuell erregen, dass man seine Geschlechtsorgane vor anderen Menschen (vor allem Frauen oder Kindern) entblößt.
Siehe auch: *Voyeurismus*.

Fellatio

Form des Oralverkehrs. Lecken und Saugen an den männlichen Geschlechtsorganen. »Fellare« ist lateinisch für saugen. Vulgär: »einen blasen«.

Fetischismus

Das bevorzugte oder sogar das einzige Objekt des sexuellen Interesses sind Gegenstände, Kleider und besonders Unterwäsche der begehrten Person. Die sexuelle Erregung wird weniger (oder gar nicht) durch die Person selbst ausgelöst, sondern durch Gegenstände, die ihr gehören.

Fetus, Fötus

Ungeborenes Kind im Stadium der letzten sechs Schwangerschaftsmonate. Der Begriff Embryo gilt für die drei ersten Schwangerschaftsmonate.

G-Punkt

Eine besonders sensible (erogene) Stelle an der vorderen Scheidenwand, etwa 4–5 cm hinter dem Scheideneingang. Wird der G-Punkt stimuliert, hat die Frau einen besonders intensiven Orgasmus. Allerdings können nicht alle Frauen eine G-Punkt-Erfahrung bestätigen. Benannt nach dem Gynäkologen Ernst Gräfenberg, der den G-Punkt als Erster beschrieben hat.

Gerontophilie

Auf alte Menschen ausgerichtetes Sexualinteresse Erwachsener.

Homophobie

Ausgrenzung Homosexueller durch ihr soziales Umfeld. Hass auf homosexuelle Menschen.

Homosexualität

Auf das eigene Geschlecht ausgerichtetes sexuelles Empfinden und Verhalten. Homosexuelle Männer (Schwule) interessieren sich sexuell nur für Männer, homosexuelle Frauen (Lesben) nur für andere Frauen.

Inzest

Sexuelle Beziehungen zwischen engen Blutsverwandten (Vater – Tochter, Mutter – Sohn, Bruder – Schwester). Das Inzesttabu gehört zu den universellen Sexualnormen.

Klimakterium

Übergangsphase bei der Frau von der Geschlechtsreife zum Alter, auch Wechseljahre genannt. Siehe auch: *Menopause*.

Klitoridektomie

Operative Entfernung der Klitoris (Kitzler). Siehe auch: *Verstümmelung der weiblichen Geschlechtsorgane*.

Koitus

Einführen des Penis in die Vagina. Heterosexueller Geschlechtsverkehr. Am meisten verbreitete Form des Geschlechtsverkehrs.

Lesbe

Homosexuell veranlagte Frau. Siehe auch: *Homosexualität*.

Masturbation

Sich selbst sexuell erregen durch Berühren, Streicheln oder Reiben der Geschlechtsorgane oder weiterer erogener Zonen. Selbstbefriedigung oder Onanie.

Menopause

Endgültiges Ausbleiben der Monatsregel. Etwa zwischen 45 und 50 wird der weibliche Zyklus unregelmäßig, die Eierstöcke stellen ihre Tätigkeit ein, die fruchtbare Phase der Frau geht schließlich zu Ende.

Missionarsstellung

Häufige Position beim heterosexuellen Geschlechtsverkehr. Dabei liegt die Frau mit gespreizten Beinen auf dem Rücken. Der Mann liegt mit dem Bauch auf der Frau und dringt mit dem Glied tief in die Vagina ein.

Masochismus

Sexuelle Erregung wird ausgelöst durch Schmerzen, die einem zugefügt werden. Im weiteren Sinne empfinden Masochisten sexuelle Lustgefühle unter der Bedingung, dass sie angegriffen, beherrscht, versklavt oder misshandelt werden. Das Gegenstück zum Masochismus ist der Sadismus.

Onanie, siehe *Masturbation*

Oralverkehr

Kontakt der Geschlechtsorgane eines Partners mit dem Mund des anderen.

Päderastie oder Ephebophilie

Auf Jugendliche ausgerichtetes Sexualempfinden Erwachsener. Nicht zu verwechseln mit Pädophilie.

Pädophilie

Sexuelle Neigung von Erwachsenen zu Kindern zwischen 0 und 12 Jahren (vor dem Eintritt in die Pubertät). Dies ist eine absolute Ausnahme bei Homosexuellen. Es geht nicht an, Homosexualität und Pädophilie zu verwechseln.

Polyandrie, Polyginie

Gleichzeitig mehrere sexuelle Partner haben. Polyandrie: Eine Frau hat mehrere männliche Partner. Polyginie: Ein Mann hat gleichzeitig mehrere weibliche Partner. Der Begriff lässt sich ausweiten und meint dann das spontane gleichzeitige Sexualinteresse an unterschiedlichen Partnern. Diese Beschreibung passt dann auf ungezählte Frauen und Männer jeden Alters.

Polygamie

Gleichzeitig mit mehreren Partnern verheiratet sein. Polygamie ist bei uns gesetzlich verboten. Weil vermehrt Menschen sich scheiden lassen und erneut heiraten (zweite, dritte oder vierte Ehe), sprechen Experten gelegentlich von »sukzessiver« (allmählicher) Polygamie.

Promiskuität

Bezeichnet das Verhalten eines Menschen, der zahllose Sexualpartner oder -partnerinnen hat, ohne eine affektive Bindung anzustreben. Der moralisch abwertende Begriff »Nymphomanie« meint ein solches Verhalten bei Frauen.

Sadismus

Sexuelle Befriedigung erreichen, indem man anderen Schmerzen zufügt, sie angreift, erniedrigt, unterwirft und misshandelt. Siehe auch: *Masochismus*.

Schwuler

Homosexuell ausgerichteter Mann. Siehe auch: *Homosexualität.*

Sodomie

Moralisch abwertender Begriff, der ursprünglich unterschiedliche Sexualverhalten meint, die von der Norm abweichen: Homosexualität, Analverkehr, Masochismus ... Bezeichnet heute v.a. den Sexualverkehr mit Tieren.

Transsexualität

Identifikation mit dem anderen Geschlecht: Ein Mann fühlt sich als Frau; eine Frau fühlt sich als Mann. Häufig ist dabei der Wunsch nach einer operativen Geschlechtsumwandlung. Häufiger bei Männern als bei Frauen.

Transvestismus

Der Fachbegriff bezeichnet sexuelle Lustgefühle vor allem beim Tragen der Kleider des anderen Geschlechts. Betroffen sind zumeist heterosexuell ausgerichtete Personen, die ihr eigenes Geschlecht bei sich selber bejahen. Tritt bei Männern häufiger auf als bei Frauen. Als Transvestiten werden umgangssprachlich häufig auch (hetero- oder homosexuelle) Männer bezeichnet, die als Frauen verkleidet auftreten.

Verstümmelung der weiblichen Geschlechtsorgane

Kulturell und religiös begründete Genitalverstümmelung (»Beschneidung« von Mädchen und Frauen). Wird in vielen Ländern Afrikas und in einigen Ländern Vorderasiens und sowohl von Moslems wie Christen sowie von Angehörigen anderer Religionsgemeinschaften praktiziert. In manchen Ländern und Regionen sind über 90 % der Frauen »beschnitten«. Wird allgemein als schwerwiegende Menschenrechtsverletzung gewertet.

Voyeurismus

Hauptsächlich sexuell erregt werden durch das (heimliche) Beobachten von nackten Menschen, deren Geschlechtsteilen oder deren sexuellen Handlungen. Ein Voyeur wird auch »Spanner« genannt. Das Gegenstück des Voyeurismus ist der Exhibitionismus.

Dank der Autoren

Wir bedanken uns bei unserer Familie. Gattin und Kinder, Mutter und Geschwister haben uns Mut gemacht, dieses Buch zu schreiben. Der kritische Rat von Simone Majerus und von Anne-Sophie Vanbléricq war bei allen Kapiteln sehr wertvoll. Anne Majerus hat Zitate und Gedichte gesammelt.

Unsere Anerkennung gilt den vielen Jugendlichen, denen wir im ersten Halbjahr 2004 in Schulen und Internaten begegnen durften. Ihnen verdanken wir die Motivation zu schreiben und die Fragen, an denen wir uns dabei orientiert haben. Herzlich danken wir allen Damen und Herren, die uns dabei die Türen geöffnet haben oder uns anders unterstützt und ermutigt haben: Luxemburgs Familienministerin Marie-Josée Jacobs, Charles Bintz, Marthe Bock, Robert Bohnert, Danièle Faltz, Bénédicte Fiedler, Wolfgang Fleckenstein, Leopold Haerst, Marie-Josée Hoffmann, Josée Hommel-Wester, Jürgen Kusch und Paul Weirig.

Professor Michel Legrain und Pastor Jens Krohmer gaben uns wertvolle Hinweise. Wir schätzten die freundliche und kompetente Betreuung im Kösel-Verlag und danken sehr herzlich Herrn Winfried Nonhoff und Frau Silke Mayer.

Last but not least danken wir freundlichst Götz Empel und Roland Geib. Götz war spontan bereit, die Texte sprachlich zu überarbeiten. Roland hat mit der gewohnten Geduld und Zuvorkommenheit Manuskripte abgetippt und viele Korrekturen übernommen.

Merci!
Catherine und Mill Majerus

Anstelle der gängigen Bibliografie

Wir (die Autoren) möchten hier nicht einzelne Veröffentlichungen auflisten, sondern Autoren hervorheben, auf die wir uns respektvoll berufen, deren Arbeiten uns wertvolle Aufschlüsse vermitteln und die uns in unserem eigenen Wirken prägen.

Elisabeth BADINTER, *1944, Philosophin, Frankreich
Dirk BANGE, *1963, Pädagoge und Therapeut, Deutschland
Franz BÖCKLE, 1921–1991, Moraltheologe, Schweiz
Ernest BORNEMAN, 1915–1995, Sexualforscher, Österreich
Boris CYRULNIK, *1937, Neuropsychiater und Ethologe, Frankreich
Pierre DE LOCHT, *1916, Moraltheologe, Belgien
René DIEKSTRA, *1946, Psychologe, Niederlande
Françoise DOLTO, 1908–1988, Ärztin und Psychoanalytikerin, Frankreich
Ursula ENDERS, * 953, Pädagogin, Therapeutin, Deutschland
Erik ERIKSON, 1902–1994, Kinder- und Entwicklungspsychologe, Deutschland und USA
Michel FOUCAULT, 1926–1984, Philosoph und Historiker, Frankreich
Sigmund FREUD, 1856–1939, Arzt, Begründer der Psychoanalyse, Österreich
Erich FROMM, 1900–1980, Psychoanalytiker, Deutschland und USA
Yves-Hiram HAESEVOETS, Psychologe und Psychotherapeut, Belgien
Reinert HANSWILLE, *1953, Sexualpädagoge und Traumatherapeut, Deutschland
Michaela HUBER, *1952, Diplom-Psychologin und Traumatherapeutin, Deutschland
Jacques JULLIEN, *1929, Moraltheologe, früherer Familienbischof, Frankreich
Norbert KLUGE, *1935, Pädagoge und Sexualwissenschaftler, Deutschland
Alex LEFEBVRE, *1946, Psychologe und Psychotherapeut, Belgien
Michel LEGRAIN, *1929, Theologe und Kirchenrechtler, Frankreich
Bernhard LISS, 1931–1994, Theologe, Ehe- und Familienseelsorger, Österreich
Christiane OLIVIER, Psychologin und Psychoanalytikerin, Frankreich
Willy PASINI, *1937, Psychiater und Sexologe, Italien und Schweiz
Peter PAULICH, *1950, Soziologe, Gruppenpädagoge und Therapeut, Deutschland
Jacques SALOMÉ, *1935, Psychologe, Frankreich
Dieter SCHNACK, 1953–2000, Pädagoge und Journalist, Deutschland
Barthold STRÄTLING, 1927–2001, Theologe und Pädagoge, Deutschland
Paul WATZLAWICK, *1921, Psychologe, Therapeut, Österreich und USA
Paul ZULEHNER, *1939, Pastoraltheologe, Österreich